国医巨匠 施今墨

纪念施今墨诞辰140周年

主编　高益民　肖　萍
主审　施小墨

中医古籍出版社
Publishing House of Ancient Chinese Medical Books

图书在版编目（CIP）数据

国医巨匠施今墨：纪念施今墨诞辰 140 周年 / 高益民，肖萍主编 . —北京：中医古籍出版社，2021. 11
ISBN 978 - 7 - 5152 - 2340 - 7

Ⅰ. ①国… Ⅱ. ①高… ②肖… Ⅲ. ①施今墨 - 传记
Ⅳ. ①K826. 2

中国版本图书馆 CIP 数据核字（2021）第 200222 号

国医巨匠施今墨——纪念施今墨诞辰 140 周年
主编 高益民 肖 萍 主审 施小墨

责任编辑 刘 婷
封面设计 韩博玥
出版发行 中医古籍出版社
社 址 北京市东城区东直门内南小街 16 号（100700）
电 话 010 - 64089446（总编室） 010 - 64002949（发行部）
网 址 www. zhongyiguji. com. cn
印 刷 宝蕾元仁浩（天津）印刷有限公司
开 本 710mm × 1000mm 1/16
印 张 10. 5 折页 1 页
字 数 200 千字
版 次 2021 年 11 月第 1 版 2021 年 11 月第 1 次印刷
书 号 ISBN 978 - 7 - 5152 - 2340 - 7
定 价 68. 00 元

《国医巨匠施今墨》
——纪念施今墨诞辰140周年

编 委 会

主　编　高益民　肖　萍

主　审　施小墨

编　委（按姓氏笔画排序）

于　佳　刘大胜　张　威　张　楚

范铁兵　柳凯文　蒿　杰

前　言

施今墨先生是我国近代著名的中医学家、教育家、改革家和养生家，北京四大名医之一。出生于清末的施今墨，见证了中国近现代历史上最为波澜壮阔的一段岁月。他的人生道路，恰是一部中医百年兴衰史的缩影。

施今墨先生毕生致力中医创新，力主通过“编书、办医院、开学校”三条途径来复兴中医、发展中医。他自筹资金创办了华北国医学院，培养了一大批中医人才，为中医教育事业以及燕京医学流派的发展与传承留下了宝贵遗产。施今墨先生精于岐黄，以发扬中医学为夙志，用毕生的努力，实现了“不为良相，即为良医”的抱负。

今年正值施今墨先生诞辰140周年，我们通过汇编成书的方式，缅怀这位近代中医代表人物光辉的一生，更是决心继承施今墨先生遗志，努力挖掘中医学遗产，不断创新发展，为全民大健康贡献力量。

本书资料一部分为公开发表过的资料和施小墨先生提供的未发表的资料。一部分为高益民教授的研究成果，对继承和发扬施今墨先生学术思想起到巨大的作用。高益民的学生李岩博士对施今墨先生的学术思想和临床经验也有颇深的研究，施小墨先生对其父亲的经典对药的历史渊源也是如数家珍。书中第三篇、第四篇、第五篇和第六篇（益肾强身丸和防衰益寿丸部分）是以《首都医药》2005年12卷总154期刊登的有关施今墨的学术思想与临床经验、教育贡献与经典方药的内容为蓝本而进行拓展。

第一篇“先生之风　山高水长”，简述了施今墨先生为中医事业矢志不渝的一生；第二篇“大医精诚　悬壶济世”讲述的是施今墨先生医术精湛、医德高尚的故事；第三篇“国医担当　复兴中医”论述的是施今墨先生创办华北国医学院的筚路蓝缕与薪火相传；第四篇“致力创新　中西汇通”印证了施今墨先生中西汇通的创新之志；第五篇“术精岐黄　弘扬国粹”为施今墨先生临床学术思想的体现；第六篇的“大爱泽世　无私献方”为施今墨先生大爱献方、造福百姓的一片丹心；第七篇“缅怀追忆　万世流芳”为施今墨先生生活中的感人故事。

本书由肖萍博士以高益民教授、施小墨老师和李岩博士的文章为主线，汇集部分发表的文章编写而成。高益民教授、施小墨老师不仅给予思路上的指点，还对文字进行了认真审核。高琦、施正为整理收集照片和部分资料（《华北国医学院第二届毕业纪念刊》《华北国医学院第三届毕业纪念刊》）尽心尽责。李岩博士也授权无偿使用他的文章。本书顺利编写完成，是集体智慧结晶之作，在此感谢为编写本书而付出辛劳的每一位同仁。

年代久远，文献难觅，有些资料无法考证，还有一些发表的内容也是存在几个版本，由于资料仍有局限性，有遗漏错误之处，不吝赐教，在第二版修订补充。

2021 年 6 月

序

人的一生是短暂的，家父不仅刻苦钻研医术、活人无数，而且打破中医师带徒传统教育方式，20 世纪 30 年代即创办华北国医学院。创办现代化医学教育绝非易事，学院不仅需要有行政管理方面人才、好的师资，更重要的是教材选编、课程设置，尤其是中西医结合，中西医课程的比重都要精心设计、创新管理。书中对施今墨中医教育方针、教育思想、教育内容都做了详尽的介绍，华北国医学院培养了许多中医人才和骨干，为中医现代教育提供了十分宝贵的经验。

正在为本书写序之时，得知我的好友、剧作家张永和及学生张婧也写了一本《大国医施今墨》将由华文出版社出版，本人感觉有些撞车。本书的内容偏重在医术、病案；华文出版社的其实不然，内容则偏重在生活经历和人物精神的描绘。孙思邈说：大医精诚。一本写医术之精，一本写医德之诚，两本各有侧重，相得益彰。

《国医巨匠施今墨》一书即将出版，作为后代，我非常高兴！在此，特别感谢主编高益民先生、肖萍女士的辛勤付出。

施小墨

2021 年 5 月 4 日

目录

卷首语

第一篇　先生之风　山高水长

第二篇　大医精诚　悬壶济世

第三篇　国医担当　复兴中医

第四篇　致力创新　中西汇通

第五篇　术精岐黄　弘扬国粹

卷首语

我所以要亟亟革新中医者，于个人的毁誉、荣辱、得失等等都无丝毫考虑，而关系人民的利益与国家的损失，在改革的早迟上虽有出入，则不能不引为我中医严重之责任也。

——施今墨

卷首语

施今墨中年时期照片

施今墨先生是近现代中国中医学术发展史上的重要人物，他毕生致力于中医事业的发展，在国内外享有很高的声望。

他是中医临床家，医术高超，曾为孙中山、毛泽东、刘少奇、周恩来、张学良、杨虎城、傅作义等治病保健，也治愈了民间的许多疑难重症，活人无数。“不为良相，便为良医”，这便是他的抱负。

他更是一位致力于培养中医人才的教育家，他创办了华北国医学院，提出“医德与医术结合、理论与实践结合、中医与西医结合”三大教育的方针，力创中医高教新模式。

他一生致力于中医的发展与创新，他是在我国首先提出“中医科学化、中药工业化”口号的人，是提出中西医结合并且在实践中开拓前进的一代名医。

他毕生致力于临床实践，医术精湛，传承不泥古，创新不离宗，提出十纲辨证，自创施氏药对。

他淡泊明志，无私献方，彰显家国情怀；他与时俱进，用自己的验方创制了许多新成药，他呼吁重视中医治未病思想，用中国传统医学养生理论开发延年益寿中药，造福黎民百姓。

施今墨先生的一生，是革新的一生。今年正值施今墨先生诞辰140周年，谨以此书缅怀和纪念施今墨先生，并向一代国医巨匠施今墨先生致敬！

对于这位中国近代中医临床家、教育家、改革家和养生家，当年曾享誉京城的“北京四大名医”之一的施今墨先生，大家心怀敬仰，让我们一起去领略施今墨先生精彩的中医人生吧！

先生之风　山高水长

第一篇

吾以为中医之改进方法，舍借用西学之生理、病理，以互相佐证，实无别途。当此科学发达之秋，自应舍去吾国医学陈陈相因之玄说奥理，而走向科学化一途。

——施今墨

一、仕途多舛、弃政从医

施今墨（1881—1969），原名毓黔，字奖生，祖籍浙江省萧山县（萧山区），1881 年 3 月 28 日生于其祖父赴云南任曲靖知府的途中贵州，故取名毓黔。毓黔自小聪颖，上有一姐，下有一弟。施家祖先做过翰林，世代官宦，祖父施之博曾任云南知府，父亲施筱航（字誉鸿）也奉事官场。外祖父李秉衡是清代山东巡抚，八国联军入侵北京，李秉衡率部在通县（通州区）张家湾与侵略军展开殊死的拼斗，终无回天之力而自尽，施今墨自幼在心中就埋下了爱国爱民的种子。施今墨年幼时，母亲体弱多病，失于得力治疗，几乎延误生命，于是萌发了学医治病的志向，立志治病救人，济世安民。1894 年施今墨 13 岁时，正式拜他的舅父、河南安阳名医李可亭为师，学习中医，七年之后，已经精通中医理论，腹笥渊博，可以独立行医。

施今墨父亲认为通过读书踏入仕途才是正道。1902 年，施今墨奉父命进入山西大学堂（山西大学前身）学习。在这所近代新型大学，他不断受到进步思潮的影响，逐步产生了民主与革命的思想。后因反对该校创办人、英国传教士李提摩太的专制而被学校除名，他不得以中途转读山西法政学堂。1906 年毕业获全校第一名，保送京师进士官（即后来的京师法政学堂）学习。是年毓黔 25 岁，开始兼职业医。在此期间，他结识了革命家黄兴，由其介绍加入同盟会，从此开始了革命生涯，为国家民族命运而奔走。其后，以医疗为掩护，随黄兴奔走革命。1911 年辛亥革命推翻了清封建王朝，他曾作为山西代表，在南京参加了孙中山就任大总统典礼，一度在陆军部协助黄兴（任陆军总长）工作，主要协助其制定陆军法典，在《陆军刑法》《陆军惩罚令》《陆军审判章程》的原稿中都留有他的手迹。

辛亥革命后，施今墨返回山西，在行医的同时，与范源濂、汤化龙等在北京和山西创办尚志学会、尚志学校和尚志医院，宣传进步思想，普及文化知识，从事社会活动。1917 年应湖南督军谭延闿之聘，出任湖南教育厅厅长，因见谭延闿热衷官僚政治，无心教育，故而不到一年就辞职引退。他热心社会公益活动，1920—1921 年，与熊希龄创办香山慈幼院，并任副院长，后见熊希龄仅以慈幼院为名捞取政治资本，则愤而辞职。为振兴民族文化，他担任过北京蒙藏学校教务长。袁世凯窃取革命成果后，他深感失望，几经周折后，最终决心弃政从医。[1]

二、力挽狂澜、挽救中医

1921年，已是不惑之年的施今墨怀着“不为良相，即为良医”的决心，在北京宣武门内茄子胡同（今新华社北一带）开办诊所，正式挂牌悬壶行医，并将自己的名字“毓黔”更名为“今墨”，一是纪念诞生之地；二是崇尚墨子，行兼爱之道，治病不论贵贱，施爱不分富贫；三是以“修身洁行，言必由绳墨”为立身之本，在医术上勇于革新，要成为当代医学绳墨（今之墨准之意）。

施今墨在京师法政学堂及参加同盟会时，也经常为人诊病，并小有名气。一旦专心业医、精研医术，很快就医名大噪，诊所门前经常是车水马龙，慕名前来看病的人络绎不绝，其精湛的医术已经誉满京城。

1925年孙中山在京卧病，施今墨应邀参加会诊，提出了中肯建议。1930年，他去西安出诊，为杨虎城将军诊治，药到病除，载誉而归，并担任冯玉祥部队的医学顾问。1935年，他去张家口为傅作义将军诊病，当面请求傅作义将军拨款支持创办华北国医学院，傅作义慨然应允。随着施今墨声望日隆，慕名找他看病的人络绎不绝，其中不乏达官贵人，何香凝、溥仪、载涛、李宗仁、郭德洁等人都曾延请施今墨诊病。

由于西医传入以及西医的开业与办学，1927年之后，“取消中医”之声渐起，国民党政府对中医更加排斥。那时，当局没有设立任何领导中医的机构，也没有公立的中医学院或研究所，而且中医开业不能向卫生机关注册立案，却要到警察局立案。1929年2月23日国民政府召开第一届中央卫生委员行政会议，会议讨论并通过了意欲彻底废止中医药的四项提议，其中之一便是余岩（字云岫）的《废止旧医以扫除医事卫生之障碍案》，使当时中医生存岌岌可危，此案立即引起全国中医药界极大愤慨和强烈反对，进而引发近代史上声势浩大的反废止风潮。

施今墨中年时期照片

对此，中医药界人士无不义愤填膺，纷纷以各种不同的方式进行了抗议活动。施今墨在报纸上发表文章，宣传中医中药是一门科学，应与西医并存，取长补短，并呼吁各界人士支持中医界的斗争。施今墨奔走南北，团结同业，成立北京中医公会，组织华北请愿团，专程赴南京坚决要求政府收回其错误决定。3月16日中医界在全国发起了声势浩大的请愿运动，要求撤销“废止中医案”。当时，汪精卫主持行政院工作，大有非取消中医不可之势，有些国民党元老找他代为中医吁请，都未奏效。

适值汪精卫的岳母患痢疾，连请西医治疗都无效，反而病入沉疴，于是有人荐举施今墨。汪精卫无可奈何，只好同意。施今墨凭把脉，每言必中，使汪精卫的岳母心服口服，频频点头称是。诊治完毕，汪精卫的岳母问：“先生何时再来?”施今墨很有把握地说：“安心服药，一诊可愈，不必复诊。”病得都下不了床，一诊就可痊愈？众人都持有怀疑的态度，然而根据施今墨的药方，汪精卫的岳母服用了三剂药后果然痊愈了。汪精卫这才相信中医的神奇之处，为了答谢施先生救命之恩，就题字送匾《美意延年》，施今墨拒绝其意，并说“不必送匾了，您只看中医能否治好病”。也正是施今墨为汪精卫岳母治疗痢疾案例，以妙手回春的疗效，让一向反对中医的汪精卫从此禁言，再不提取消中医之事了，可谓是一脉定乾坤。施今墨的医术充分展示了中医的博大精深，展示了中医存在的价值和意义，施今墨的名声也由此传遍大江南北。[2]

1930 年 5 月，谭延闿、胡汉民、陈立夫、焦易堂等人在国民党中央执行委员会中央政治会议上再次提出设立中央国医馆，获得原则通过。1931 年 3 月 17 日，中央国医馆在南京成立，首届理事 40 人左右。陈立夫为理事长，彭养光、陆渊雷、谢利恒等十人为常务理事，焦易堂出任馆长，陈郁、施今墨出任副馆长。后因陈立夫推以党务繁忙，迭请辞职，而改由彭养光代理。[3]

中央国医馆成立后，一些省、市、县先后设立国医分馆。1931 年 8 月 31 日，中央国医馆经国民政府核准备案公布了《中央国医馆组织章程》《中央国医馆各省市分馆组织大纲》等。尽管中央国医馆“乃系一个研究国医国药之学术团体，其分馆、支馆不得干涉卫生行政”，但毕竟为中医界争取到了一个半官方的阵地；其确立了“以科学的方法，整理中医学术及学术研究……务祈统系秩然，便于实施，以昌明绝学，惠济民生”的宗旨；并负责制定学术标准大纲，统一病名，编审教材，在各省成立分馆，举办国医医院、国医传习所，开始了近代中医诊疗、研究和教学的新模式，使近代中医的发展上了一个新台阶。

1936 年 1 月 21 日，国民政府颁布《中医条例》，标志着中医在国家医药卫生系统取得了合法地位，1936 年 3 月 11 日，中央政治会议例会议决，中医行政管理权归属卫生署，署内设中医委员会。同年 12 月 19 日，国民政府又修正公布了《中医条例》。[4]《中医条例》规定了考核办法及立案手续。北京第一次考核时，萧龙友、孔伯华、施今墨、汪逢春被推举为主考官，负责出题及阅卷，世称为“北京四大名医”。[2]

此阶段，中医受现代医学的冲击越来越大，中医自身的发展也遭受了前所未有的排斥与打压，为了“发扬文化，研究国医学术”，中医药界依靠自身力量先后兴办 70 余所中医学校，创办期刊近 200 种，努力寻求中医发展方向。施今墨清楚地认识到，要以科学的方法整理和发展中医，必须开办学校，培养人才，统一中医学术。1931 年施今墨参与组建了北平国医学院；因与萧龙友和孔伯华办学思想有分歧，1932 年施今墨又另立门户，创办了华北国医学院，并任院长，在中央国医馆立案。[5]他矢志不渝，慷慨解囊，自己出资买校舍，购设备，聘请志同道合的中西医教师，制订教学计划，编写教材，1935 年创办《文医半月刊》。1941 年，成立了上海复兴中医专科学校，施今墨出任董事长，学校创办校刊《复兴中医》。此后，施今墨在北京、上海、山西、察哈尔等地先后协助或资助创办中医学院、讲习所、函授班、研究班等，开展师承教育，按传统方法，收徒施教，培养了大批高级临床医师，为多渠道培养中医人才呕心沥血。

施今墨倡导中西医汇通，1920 年曾在北京和平门内西养马营创设中西医院，运用中医望、闻、问、切辨证诊疗，并借助于西医的诊疗仪器。1922 年在马蜂场（今西单二龙路横街）创设中医疗养院，有病床 20 余张，开我国中医设置病房之先河。1924 年在自己的诊所开始使用听诊器、体温表、血压计，并设立化验室。1947 年施今墨和西医孟昭威教授发起、创办了“中国医药学会”，组织举办中医学术研究报告会，创办学术刊物，促进中医教育事业的发展。

三、笃行致远、矢志奋斗

抗日战争胜利后，施今墨被华北地区推选为国民大会代表和国民党政府立法会委员，曾多次提出发展与改革中医建议，如《整理中医书籍案》《改革中药剂型案》《设立中医学校及中医院案》等等，但国民党当局无视中医，均未采纳。国民党在溃逃台湾之际，向施今墨施展各种阴谋，诱使其去台湾或国外定居，施今墨不仅不为所动，并在 1949 年 9 月，联合其他 30 多名立法会委员，在《人民日报》联合发表《虔诚接受中共领导》的声明。当施今墨从南京返回北京时，周恩来总理派傅连暲前去看望，代表周总理问候施今墨，对参与联合声明的立法会委员拥护共产党的举动，表示竭诚欢迎，并希望施今墨对发展祖国中医药事业提出建议。

（一）春满杏林　复兴中医

新中国成立前，施先生艰苦奋战几十年，但他为之奋斗的目标根本不可能实现，中华人民共和国成立后，他的理想才如愿以偿。怀着对中医事业的一片赤诚，施今墨全身心投入到新中国的中医事业中。施今墨加入中国农工民主党，被选为中国人民政治协商会议第二、三、四届全国委员会委员，并担任中华医学会副会长、中医研究院学术委员会副主任委员、中西医学术交流委员会副主任委员、北京中医学会顾问、卫生部（现卫健委）北京医院中医顾问、北京医学院中医顾问等职，先后在北京邮电医院、平安医院、协和医院、儿童医院、铁路医院、友谊医院等北京各大医院门诊部工作，特别对呼吸、心血管、消化、内分泌及妇科病等均有倾心研究。[6]

1. 殷切嘱托，践行使命

1953 年春，海棠花开时节，施今墨应周恩来总理之邀，赴中南海西花厅，就创办中医院、中医学院、中医研究院和提高中医地位等中医的发展问题，与总理做了长时间交谈。施今墨认为中医要发展就要革新，他建议用现代科学方法研究中医，成立中医科学研究院、中医学院、中医医院，要开展中西医结合，要提高中医的社会地位。最后周总理做了总结性讲话："听了您的话，我更有信心了。在新中国，中医是要有大的发展，我们不但要中医在国内占有地位，还要介绍到国外去，让西方知道中医是人类的宝贵财富。"此外，周总理要施今墨举荐中医方面人才。在周总理的关怀下，秦伯未、祝谌予、蒲辅周等卓有成就的医家相继奉调进京，党和国家领导人对老中医关怀备至和对中医人才的重视由此可见一斑。

1954 年 12 月，施今墨作为全国政协委员，出席了中国人民政治协商会议（简称全国政协）第二届全国委员会第一次全体会议。其间，毛主席宴请各界知名人士，施今墨与医界名流黄家驷、林巧稚也在应邀之列。毛主席见到施今墨时说："我青年时就熟知你的名字，你是南北驰名的名医，希望你对祖国医学事业多做贡献。"席间，施今墨听了毛主席对中医的重要指示兴奋不已。会后，施今墨为我国中医的发展献言献策，并上书将他一生为之奋斗的"三位一体"的目标——编辑中医统一标准用书、开办中医院校、普遍建立中医院，做了详尽陈述，并对建立中医科学院等科研机构事宜，向中央提出积极建议。

2. 建言献策，知行合一

施今墨以传承和弘扬中医药事业为己任，致力中医创新，建言献策，为中医发展提出高屋建瓴、切中肯綮的建议，彰显了一代国医对发展中医事业的孜孜不倦的追求，充分体现了"躬耕杏林，大医至诚"的国医风范。

1950 年，第一届全国卫生会议召开，"团结中西医"成为当时全中国卫生工作重要方针之一，中华医学会"团结中西医"的工作也蓬勃开展起来，施今墨是当时中华医学会的第一批中医会员。1953 年，中华医学会中西医学术交流委员会成立，施今墨任副主任委员。

1954 年，在医学高教会议上，提出了复兴中医三大重点：编书、办医院、开学校，还提出了"真正要中医学术发达必须掌握高度科学性的教育""惟掌握科学，始能得此结论，然后用以编为书籍，选作教材，定为学术必修课程，承先启后，教学兼资，使具有文化水平者，更能造诣高深，成为医界全才，足备临床实用""应以编书为先，盖因临床不能无典范，教学不能无课本也"等建议，呼吁中医传承和发展需要中医科学化，从而推进中医药振兴发展。[7]

1954 年，施今墨在《为迎接国家的社会主义文化建设必须加强中医工作的建议》中，就六个方面，系统地阐述自己的观点：①建议各省应普设进修学校，继续开展中医进修工作；②重点设置中医实验医院；③调整中医学会组织系统，今后一律接受中华医学会总会与北京中医学会双轨领导，以归统一；④改进中药制型，促进中药科学化，选择有效成方及常用的单味中药，提高医疗效果；⑤编辑中医统一标准用书，提高中医治疗水平和普及中医知识；⑥重点试办中医学校。

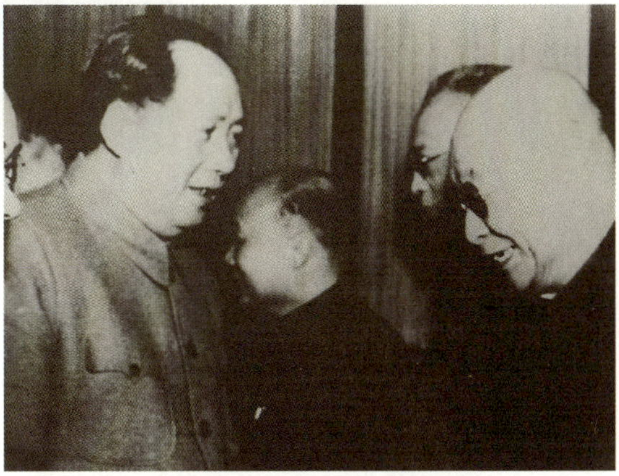

1956 年全国政协二届二次会议期间，毛主席接见施今墨

1956 年，施今墨还当选为中华医学会第十八届理事会副会长。[8] 是年，在全国政协第二届全国委员会第二次全体会议上发言强调发展中医药的建议。1957 年，上书国务院、卫生部（现中华人民共和国国家卫生健康委员会，简称卫健委），提出《科学院设立中医学理研究所的意见书》，同年 3 月，他出席了全国政协第二届全国委员会第三次全体会议，并就《重视祖国医学理论研究工作》为题做发言。[9] 1959 年，他又提出《改革中国医学教育的建议》，要求中西医学合流，培养中西医精通的双面手。在全国政协第三届全国委员会第一次全体会议上，提出《关于抗老强身的科学根据、社会基础和医药方案》，并于国庆 10 周年之际，献出五个抗衰老方药。1959 年的一次中医药展览会上，施今墨无偿献出了治疗胃溃疡、十二指肠溃疡、高血压、神经衰弱、肝硬化、肝脾大、气管炎等十大验方。周恩来总理得知后非常高兴地说："好！中医打开门户之见，团结合作，才更有希望！"后来，这十大验方大部分被北京同仁堂制为了成药，每年在广州国际交易会上为国家换汇上百万美元。此后，施今墨又陆续地把一些自己的秘方无偿献给国家，努力践行他的兼爱天下、济世救人、不为自己谋私利的人生理想。

（二）致力中医　至死不渝

施今墨一生致力中医创新，晚年也关注着中医事业的振兴和发展，他在一次随笔《自识语》（1964 年）中写道："我本是中医的革新者，不革新便不进步，不进步便不存在的论定者，具有改革中医整套计划者，而社会上仅认为我是一个能治病的好大夫，真使我啼笑不得，无法自白，平心思往，实亦我不学无术，不善团结有以致之也，于人乎何尤。""我所以要亟亟革新中医者，于个人的毁誉、荣辱、得失等等，都无丝毫考虑，而关系到人民的利益与国家的损失。"[10] 在出席全国协商第四届全国委员会第一次会议的前夕，他对中医革新的建议成竹在胸，兴奋赋诗抒怀：千年保守太深陈，难望一时遽革新；医术归根真理在，宣明自有后来人。

施今墨先生晚年工作照

1969 年施今墨病危期间，口述了一篇几千字的关于改革中医工作的建议书，呈送毛泽东主席、周恩来总理。他在生前留下遗嘱，要求捐献遗体供医学研究，表达出一位老中医的唯物主义精神和他对于中医革新的不可动摇的决心。8 月 22 日，88 岁高龄的施今墨在北京病逝。他是我国第一位将遗体捐献给医学事业的老中医专家，在那个年代，施今墨的遗嘱令人震叹，也令医学界同仁备受感动。施今墨生前患有高血压、糖尿病等多种疾病，遗体解剖中发现尚患有直肠癌、膀胱癌、胆结石、肾结石等疾病，卒于癌症扩散。献身医学，爱民敬业，一生活人无数，为了造福身后的患者，他做出了自己最后的奉献。1971 年，施今墨的骨灰被安置在八宝山革命烈士公墓，在北京万安公墓施今墨家族墓地立有施今墨衣冠冢。

北京万安公墓施今墨家族墓地内施今墨衣冠冢

先生之风，山高水长。施今墨先生一生致力中医创新，为中医事业鞠躬尽瘁的精神将世代流传，令人高山仰止，施今墨先生的精湛医术、高尚医德、悬壶济世的故事也将在岁月的长河中，历久弥新。

第二篇

大医精诚　悬壶济世

医之为业，为人而非为己也，故不可耽安逸，不可邀名利，但以救人为本务，除保存人之性命，治疗人之疾病，解除人之痛苦外，更无所事事。

——施今墨

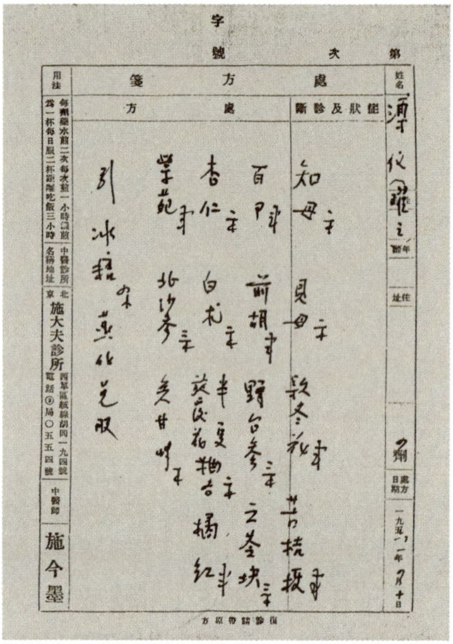

施今墨给溥仪开的处方（1961 年 4 月）

出生于清末的施今墨，见证了中国近现代历史上最为波澜壮阔的一段岁月，在他的行医生涯中，留下了无数治病救人的佳话。他曾为溥仪开过药方，为孙中山、李宗仁、何香凝、张学良、杨虎城疗疾，并担任过冯玉祥部队的医学顾问；中华人民共和国成立后，又为毛泽东、周恩来、钱学森、李四光、竺可桢、梅兰芳、齐白石、郭沫若、老舍诊过病，长期担任周恩来总理的保健医生，也治愈了民间的许多疑难重症，活人无数。他努力地实现了“不为良相，即为良医”的抱负，成为一代大国医。

一、医术精湛、妙手仁心

（一）精熟典籍　勇于创新

施今墨是北京四大名医之一，他自幼刻苦钻研岐黄之术，精研医理，勤求古训，熟悟经旨，不分门户，博采众长，以治疗疑难杂证、疗效卓著而著称。

施先生常说：“要温故知新。”温故，说的是精熟经典，勤求古训；知新，指的是博采众方，吸收现代医学之长，拿来为我所用。他精熟典籍的程度常令其子女叹为观止，若有人提出问题，他总会告诉他们，这个问题在《内经》第几篇上查找，那个问题在《伤寒论》的第几条。记得给一个“噤口痢”转“关格证”的患者看病时，他指点随诊的学生到《张氏医通》的第几篇上去找，果真查到了。

施先生年轻时经常同一位对《伤寒论》等经典著作倒背如流的表弟姚季英一起切磋医术。从望诊开始，到处方上每味药物的选择均一丝不苟。常常为分析一个病例，两人就争论几天，求得一致，方肯罢休。施先生在华北国医学院，他最为推崇近代名家丁甘仁先生医案，谓其取材严谨，理法精到，将丁甘仁先生医案列为辅助教材，再用自己的临床体会加以引申，亲自给四年级学生讲授各家医案、各家学说。

最为神奇的是 1944 年 11 月，施先生突患胸膜炎、胸腔积液，西医每天抽几百毫升胸腔积液，仍无起色，病势日沉，家人为之准备后事。弥留之际，施先生突然想到某古代医书上有采用甜瓜子、冬瓜子治疗胸腔积液之说，立刻嘱家人照此办理。家人将瓜子捣碎煎汤，口渴就喝，并用汤做药引子煎药，几天后，施先生起死回生，以后也没再复发，一直活到88岁高龄。施今墨并借此事告诫子女："要明温故知新之理，要求学古籍，求古为今。"

（二）重视四诊　突出特色

望、闻、问、切"四诊"为中医之特色，施先生非常重视四诊，认为它是中医诊断之重要依据。据伍兴隆同志回忆，1956年他以秘书身份陪同内蒙古自治区政协副主席达理扎亚来京看病，施先生凭着他几十年的经验，未经问诊，仅通过望诊、闻诊就判断出患了糖尿病，而这病情最后被证实是正确无误的。

施先生很重视脉诊，施如瑜[①]刚学医时，施先生就教导："脉法在仲景著作中占有重要地位。《金匮要略·妇人杂病》篇明确指出：审脉阴阳，虚实紧弦，行其针药，治危得安，其虽同病，脉各异源，子当辨记，勿谓不然。《伤寒论》中所涉及脉诊的原文共146条，约占全文三分之一以上。很多条文借脉象说明病因、病机、治疗等问题，你们应认真体会。"施先生为了培养学生的学习兴趣，让学生从初诊的患者中随意找来一位，未经问诊，一摸脉就说是风湿病。又找来一位患者，又说是高血压、动脉硬化。一般大夫摸了脉，只能说对部分病情，而施先生的示范完全正确，使在座的人惊讶不已。施先生告诫道："虚实之要，莫逃乎脉，你们可先读林之翰的《四诊抉微》、李时珍的《濒湖脉诀》、王叔和的《脉经》，要根据李时珍的脉诀，遵《内经》'平''病''诊''治'次序，将无患者的脉与病脉一一对照，要长期积累，步步意会。中医的四诊，应以'问诊'为主，但每一诊都是一门学问，且勿偏废，要想明确诊断，光凭中医的四诊还是不够的，必须与现代科学的诊断方法相结合……"

施先生也重视问诊，对患者的工作、生活、习惯、精神、家庭等情况，都问得很详细。《素问·疏五过论》很明确指出外界因素和七情之间的辨证关系，他认为"我们治的是生活在社会中的人，周围环境中许多因素，都会对人有影响"，患者的体质、病情往往和发病原因、时间、气候、地位、居住地点、环境等有密切关系，应特别注意患者的"离绝菀结，忧恐喜怒"等情志变化。

施先生有时利用四诊，尤其是用脉象来判断患者的预后。他于1956年在铁路医院会诊一肺心病、肺性脑病的男性患者，年龄七十，慢性支气管炎20余年，当时精神萎靡，面色苍白，气不接续，少气不足以息，端坐呼吸，不能平卧，低烧，咳嗽，喉中痰声曳锯，四肢厥冷，脉虚浮，沉取无根，舌淡苔苍白。施先生认为"宗

---

① 施如瑜为施今墨的小女儿。

气上走息道，下注气街，患者三阳脉衰，真元欲绝，似有阴阳欲将离决之势，患者属真肺脉至，预后不佳”，用中药由阴引阳，回阳固脱。方用炙甘草汤加龙骨、远志、当归、桔梗、紫菀、补骨脂、附子。当人参加至一两，附子用至二两时，病情才渐见缓解。患者危急症状缓解后，一年来脉搏始终沉取无根，一年后果真逝去。施先生认为诸真脏脉见者，皆“死”不治。以真气涣散不收，无根之谓也。[11]

（三）辨证精准　思路灵活

施先生不仅经验丰富，基本功扎实，更兼辨证精准，思路活跃，治起病来，得心应手。他教导学生：“决不能拘方治病，检谱对弈，要观其脉证，知犯何逆，从辨证中抓住病机，随病机拟法度，方证一体，证治呼应，学习仲景见此证，用此方之活法。辨证要活，组方要严。”如小儿急性病，变化迅速，辨证准确，药到病除，倘若误治，立生变故，故治小儿疾病，要胆大心细。而凡属慢性病，绝非数剂即愈，患者求愈心切，每服二三剂，未及见效，即欲改方，而医者若无主见，屡易方剂，必致步骤紊乱，古人所谓：辨证难，守方更难。病有规律，医有治法，辨证精确，胸有成竹，常见初服无效，再服则显效。

民国某年，大军阀阎某，酒色过度，身体极虚，复又偶感风寒，高热时见神昏怔忡，虚汗淋漓，大有亡阳之虞。请施先生看过之后，问家属，患者平日最喜爱的东西是什么？回答说：是一件价值不菲的古董瓷瓶。施先生沉吟片刻，开了处方，并对家属一再叮嘱，有一味药引万不可缺。家属说：“不管是如何难找的药引，只要说出名来就能找到。”施先生说：药引就是那件古瓷瓶，并且必须打碎它煎汤后再下群药，否则另请高明！家属听后只好忍痛打碎瓷瓶熬药。

患者服药后方知视为珍宝的古董瓷瓶已被打碎，不由心疼得出了一身汗，但病情却由此好转，逐渐痊愈。原来，施先生知道阎某生性吝啬，不得不出此奇招。患者虚极夹邪不能补，外感风寒复又汗出不能攻，不发汗又无方可治。于是用了些平和药，加上打碎其心爱之物，让患者惊急出汗，把病治好了。

天津某纱厂有一个17岁少年，上吐下泻不止，求施先生诊治时，已四肢冰冷，脉搏极弱。施先生对症开药后，又要其家人将患者泡在温盐水澡盆内，由皮肤补充钠，以免补充水分过多又会吐泻。还有一患者，高烧数日不退，皮肤干燥无汗。先生将患者泡在温水中，进行温水浴，终于血管扩张，汗腺通利，体温下降。由于施先生诊断准确，用药对证，经他治疗的患者，几乎都是药到病除，达到了妙手回春的境界。[12]

1928年初春，施先生出诊天津为一位50余岁患者诊疗。该患者已高烧10余日，西医诊为肠伤寒，中医诊为湿温。施先生见患者口唇枯裂，面目黧黑，神志昏蒙，时醒时迷，大便秽溏，污染裤褥，呼吸促急，脉细如丝，生命垂危。索前医方剂视之，清解、调和、芳香透络、消炎、泻热、通利二便，各种必用之法无不遍施；桑菊、银翘、三黄、石膏、安宫、紫雪、至宝诸药无不遍选，而病势日重，原因何在？施先生详尽辨析，以为前医祛邪与扶正的关系处理不当。攻邪怕伤正，结果攻邪不力反留邪；扶正怕助邪，结果扶正不足正愈伤，屡成助邪伤正之势，导致正气衰微。他决定驱邪扶正同时并进，充分祛邪，大力扶正。嘱用大枝西洋参三钱（约10克）浓煎，送局方至宝丹一丸服下。当西洋参累计用过三两，局方至宝丹服过十丸时，患者烧退眠安、神识清醒、饮食恢复，大便成形。原方再用一周后，加入饮食调养，月旬遂告痊愈。施先生于临床体会：局方至宝丹化痰醒脑退热，兼有解外之功，西洋参扶正而滋阴，药性和缓，用于久虚伤阴之人甚当。此人此病选此药此量，证药相对，药量适当，可谓丝丝入扣，起死回生。[2]

施先生曾诊治清代一蒙古王族夫人，患关节痛发热。前医屡进羌活胜湿汤、独活寄生汤，越服疼痛愈甚，发热不退。施先生初诊时见其面色红赤、唇舌焦裂、目睛血丝、脉象洪数、痛不安寐，于床上辗转反侧，凄声哀号。他断为热痹，知是前医不识热痹之理，屡投辛燥祛风之药，致使火势日燔。于是处方：紫雪散一钱（约3克）顿服。服后须臾疼痛少止，稍能安卧。遂处方：每日二次，每服紫雪散一钱。二日后患者号叫渐歇，发热已见退降。此时患者家属听一医生言：痹证为风、寒、湿三气杂合而致病，紫雪散为寒药，再服下去，病将转重。遂停服紫雪散，请此医改用他方。不料服其方后疼痛又重，发热复起。只好再请施先生诊视，仍处方：紫雪散一钱，日服二次，以后每次增加一钱。随服药量增多，疼痛锐减。数日间，共服紫雪散达二两之多，患者发热、疼痛消失，神色恢复常态，以后改方用活血理气之药调养善后。施先生认为：如果仅知痹从风、寒、湿来，不知其化热之理，此病岂能治愈？再则所用紫雪散中含有麝香，其通窜之力最雄，血气因火热煎熬凝涩不通而致痛，以麝香之力行之，通则不痛，故能治愈。可见先生并非仅善用大方，而亦善用单方、小方，关键在于辨证准确，又善用药，其效如桴鼓。[13]

施先生还曾于天津治一妇人血崩，血出不止，在医院里止血药、止血针无济于事，将其倒悬、堵塞，血亦渗出，人皆束手。施老引用中医理论“气为血帅，血随气行”，认为急当固气，并用老山参浓煎，频频灌服，终得血止人活。有人以为人参可以止血，就把人参当止血药用，再遇崩漏，必用人参，结果不但不止血，反生他症而不自知。所以人参用之得当可以起死回生，用之不当亦可伤生。当与不当，在于辨证。由此可见施先生认证准，施治确，用药精。[14]

七七事变前，施先生在天津北辰饭店应诊，有一安徽陈姓，患肠伤寒住院两旬，高烧不退，已遍尝三黄、犀羚、三宝等药未效。会诊时患者已精神萎靡不堪，病情矛盾显现，发烧、苔垢、口干，但勉强饮水，欲漱不咽。虽发烧38℃左右，但脉象濡缓，且有垢苔，大便稀溏。施先生认为肠伤寒属湿温为患，湿为阴邪，易伤人之阳气，热为阳邪，易伤人之真阴。此患者正虚阴亏，过服大凉药后，脾胃寒凝，寒凉遏抑，虚热外浮，若仍袭用凉降，恐成洞下虚脱，《素问·玉版论要》也确有“病温虚甚死”之记载。施老最后决定用理中汤加味，数服后患者津复神旺。此案系服凉药太甚，由热中转寒中，他硬是用人参、附子等温热药退烧，这种真寒假热，用热药退热病，也体现了《内经》关于“逆者从之”的治疗原则。

施先生治病，重视审证求因。曾有一青年患腰椎骨质增生，腰痛如折，行动困难，屡经中西医治疗未效。后求诊于施先生，经四诊观察，断为肾虚所致。嘱其每日服枸杞子 30 克，一个月后，腰痛大减，行动自如。嘱其再服一个月，巩固疗效。十数年再遇，言腰痛再未发，每每言及，盛赞先生医术高明，施先生称之为认准，用药中的。

施先生还曾诊治一位下壁心肌梗死患者，此人早晨开始心前区疼痛，口服硝酸甘油未缓解，随后去医院急诊，查心电图Ⅱ、Ⅲ、AVF（导联）ST 段抬高，查白细胞及转氨酶均高。当时患者面色苍白，微咳，BP：160/100mmHg，心率 108 次/分，律齐，两肺呼吸音略粗糙，两下肺可闻湿啰音。来院前医务室曾与注射罂粟碱一支，入院后输液低分子右旋糖酐后，患者就呕吐一大碗清水。吐后血压直线下降至 0，心电图呈现心律失常。这时患者脉现三五不调。再见患者大汗淋漓，面色苍白，口唇青紫且凉，眼闭合，手足厥冷，输液加入阿拉明、多巴胺、参附注射液等。施先生会诊时说，此患者，心肾阳虚，心阳式微，肾间阴寒之气随冲脉上逆，所谓“肾间动气”原出自《难经》，是人体生命活动的动力，是构成和营养人体脏腑、经络的要素。所以《难经·六十六难》说：“脐下肾间动气者，人之生命也，十二经之根本也。”日本人丹波元胤说：“夫肾间，则冲脉所出之地……动气者，冲脉所主之气。”急拟大剂量温肾回阳救逆兼益气活血通脉之品，调入米汤内灌服，并配合西医抢救治疗，而使患者获救。[11]

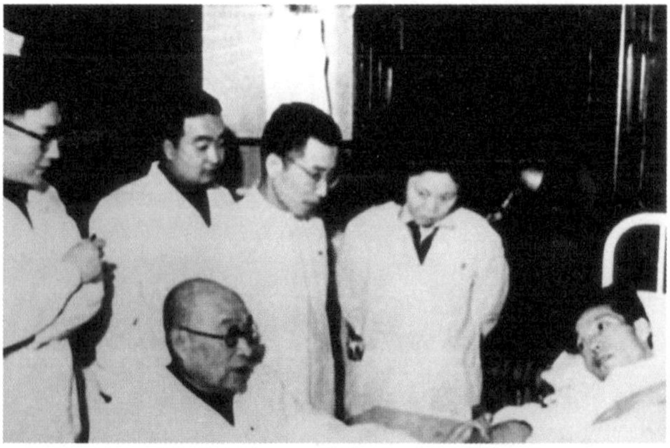
施今墨在北京协和医院会诊的工作照

施先生认为要从辨证中抓住病机，随病机拟法度。有一产妇，临产时羊水已流干，用催产素后半小时胎儿不下，大夫主张剖腹，但患者家属不愿，最后来求施先生开方。施先生认为“要利用产妇本身的新陈代谢升降调节功能，故须养肝肾、调冲任、畅胞宫、降气机，用滑利”，随即开了一个汤药方，方中主要用火麻仁、郁李仁、紫河车、肉苁蓉、当归、冬葵子和党参等，对症下药后不到一小时，胞宫气机调畅，产妇顺利分娩。他认为“胎儿不下，应该用中医八法中的下法，故重用火麻仁、郁李仁以下为顺，使胎儿顺利娩出”，其中火麻仁滑利下行，走而不守，功专润燥滑肠，通便泻下；郁李仁体润滑降，下气利水，行气通便，滑肠泻下。火麻仁偏走大肠血分；郁李仁偏走大肠气分；二药合用，一气一血，相互为用，气血双调，通便泻下力量增强，而火麻仁药理实验表明可刺激肠黏膜，分泌增多，蠕动加快，间接刺激子宫，使之有规律收缩，利于胎儿娩出。有次在上海还遇到一患奇症的女患者，她舌头伸得很长，怎么也收不回口腔，在上海遍治无效。施先生考虑是更年期卵巢功能衰退，直至消失的一个过渡时期，绝经是其主要标志，此时多应考虑肾气虚衰，机体内环境丧失平衡，从而导致一系列脏腑功能失调，故按肝肾亏损、心脾湿热、阴阳失调治疗，并采古代成方“生蒲黄散”外涂舌面，第二天，患者舌头竟奇迹般收回去了，施先生认为这就是孙子兵法中所说的以奇制胜。用药如用兵，按湿热给患者服药，舌头上用的是蒲黄散，蒲黄散都是毛毛，奇痒，舌头受此强烈刺激自然会动。[15]

（四）遣兵布阵 用药讲究

施先生认为临证如临阵，用药如遣兵布阵，善于组方，精于配伍。其处方灵活多变，适于不同患者，不同病因，不同病位，不同经络，不同脏腑，辨证亦异。他善治头痛，时而用胆草为君，时而用吴茱萸为君，时而用细辛为君，时而用川芎为君，时而用石膏为君，时而用鹿角为君……有一位头痛患者，临床按足太阳膀胱、足少阴肾经为病，用麻黄附子细辛汤治愈。而他自己配制的麝香、龙脑、薄荷、全蝎、细辛、䗪虫、安息香等治疗老年性动脉硬化所致瘀血、窍闭引起的头痛，疗效极为明显。南京一陶姓妇人，80 余岁，每每闻及或口服此药，头痛即止。

施先生临证用药精细，善于运用“对药”，曲尽其妙。还特别讲究中药的“炮制”功能。所谓炮制，就是在提取中药以后，根据患者不同的体质如阴阳、寒热、虚实，还要进行一道道加工制作。创建于 1669 年的老字号同仁堂开业时，堂训中就特别强调了这个“炮制”的作用，即所谓“炮制虽繁，必不敢减人工”。炮制中药虽然很麻烦，但只有“如法炮制”，才能发挥中药的极致疗效。

1954 年，26 岁的钟衍兰是宝成铁路局的技术干部。当时他患咳血和气喘病，每月大口吐血一两次，此病迁延数年，并且越来越严重，于是他去了成都四川医学院附属医院，被诊断为支气管扩张。医生建议他三个月后再复查，以决定是否需要手术，也就是开胸检查。那时他年轻不想动手术，于是想去北京向慕名已久的四大名医之一的施今墨先生求医问药。刚到北京的他，住在朱家胡同的一个小旅馆里，并不知道施今墨大夫的诊所设在何处。他向旅馆门口的三轮车夫打听，谁料车夫直接就说："我拉您去吧。北京城谁不知道施先生！"就这样把他拉到了东绒线胡同施先生的诊所。

当时钟衍兰心里一热，觉得真是一位名医啊，连三轮车夫都知道他诊所的地址。

诊所里坐着很多患者。终于轮到钟衍兰了。施先生非常温和，见到每位患者还都站起身来。施先生给钟衍兰长时间把脉之后说：就是支气管扩张，不用害怕，完全可以治好，就给开了方子，让他吃一个月中药，然后再来复查。

钟衍兰就在前门大栅栏的同仁堂抓了中药，并请药铺帮着代煎。坚持服药一个月后，奇迹出现了——居然没有再吐血，而且喘病也好了很多。

钟衍兰等再去看病。施今墨大夫很高兴，给换了另一张药方，并说这是慢性病，给改开了丸药。又吃了半个月，钟衍兰就已经好得差不多，准备回成都了！

钟衍兰临行前，施先生又给换了一张药方，让钟衍兰回成都后坚持再吃 50 天药。就这样，钟衍兰带着抓的一包包中药和丸药，信心满满地回到了成都，遵照施先生的嘱咐进行服药，从此告别咳血和气喘，健健康康地生活着。

其中，第一张药方主要是降气、润肺、平喘、止血，连用三组"对药"，白前和百部，降气止咳；紫菀和化红，润肺化痰；旋覆花和代赭石，降气平喘、降逆止血，配以仙鹤草止血，共奏平喘化痰止嗽止血。头两组对药，方中注明"炙"字，也即将两组对药，加一些液体辅料如白酒、米醋、蜂蜜等，用火炒作加工。而第三组旋覆花和代赭石这一对对药，处方里注明，要放在一个布袋里先煎时许，才能把这两味药的疗效充分发挥出来。而仙鹤草这味药为"炒炭"，也即把这味药炒成黑炭状，以增加它的止血功能。另外，生地写有一个"鲜"字，生地有清热凉血解毒作用，而鲜生地的养阴功效要大于生地，药方中还用了米炒丹参这味药，有活血化瘀的丹参是一味好药，但它的寒凉之性较强，用小米炒丹参，以减轻它的寒凉属性，并增加它养血的功效，足以可见施先生用药之讲究。

为保存好这三张珍贵的老药方，钟衍兰专门打了柜子，里边设计了一个夹层，把三张药方锁在里面。之所以如此郑重，一是怕自己万一再咳血好照方抓药，二是觉得这些药方是自己同类病患的灵丹妙药，非常有保存价值。钟衍兰每想起施先生，感恩之心油然而生。所以想着，一定要把施先生给自己开的方子献给自己恩人的后人。钟衍兰老人辗转联系上施今墨先生的儿子，施小墨先生和弟子还专程前往成都，接受了钟衍兰赠送的施今墨大夫的三张珍贵药方，并和钟衍兰老人合影留念。[16]

二、医德双馨、杏林春暖

施先生不仅医术精湛，他的医德同样也被人传颂。他为人侠骨仁心，一身正气，谦恭待人，对患者充满爱心，对同道非常敬重宽厚，从不贬低他人，一切均以患者为重。

（一）敬爱同道　至诚胸怀

1. “南丁北施”

1925年，施先生已是享誉大江南北的名医了，耳中不断听闻到关于丁甘仁先生诊病、办中医教育的奇闻轶事。他不顾当时诊务和社会活动繁忙，以及自己的社会身份和地位，居然多次乔装成患者，前往上海，去请丁先生诊病，探询中医教育方法。在请丁先生诊病时，他有意提出一些难于解释的问题，丁先生均用简单的语言解答得清楚明白。

对于一个问题，施先生从不同角度反复提出，甚或有些话比患者所说的还要远离专业，或者让人很难回答，丁先生都有一般医生所不具备的耐心，用风趣和幽默的语言给予准确回答。在俩人接触过程中，丁先生的热心、耐心、细心、高尚的医德、超人的医术、广博的胸怀让施先生钦佩不已。这么一位大名医，一天有那么多的患者，还能对每一位患者如此耐心。另外其对病案的记录，文字的书写清楚整洁，理法方药环环相扣，言简意赅。持方观阅，不管到药房取药，还是患者看后都会很清楚明白。深刻的医理、药理及诊断、用药之思绪均用优美的文言表述得赏心悦目，让人有如在诊病现场，无不感受一位名医的诊病风采。施先生后来和丁先生成了挚友，丁先生也被施先生的谦逊和至诚的大家风范深深感动。

几年后，施先生在北京创办华北国医学院，将丁先生医案列为辅助教材，并亲自讲授，开创中医院校教育医案课的先河，“南丁北施”之美誉由此享誉大江南北。[17]

2. 巧改药方

在天津曾传闻施先生巧改药方的故事，被世人传为佳话。1944年，施先生到天津出诊，遇金姓富商，被邀请至其家看病。施先生细观其人，他面白体丰，但乏神彩，闻其声则气短言低，望其舌淡而少苔，切其脉细缓无力，有乏力身倦、食不甘味、便下稀溏的症状。患者说：“前时服天津名医陈方舟处方三帖，无大效，故改请施先生处方。”施先生索陈先生处方一阅，是“四君子汤（人参、茯苓、白术、甘草）”，英雄所见略同，正合己意。病患气虚，用“四君子汤”补之可谓药症相合，但因其久虚，需长期服用方可见效，短期内无明显效果。于是，施先生说：“此方切中贵恙，照服数剂可愈。”但患者认为已服过并无大效，执意要施先生重开药方，施先生无奈，只好提笔写下一方，“鬼益三钱，杨枹三钱，松腴五钱，国老三钱”，并嘱咐连服两周。患者见药方已改，遂安心服药，两周后病体果愈，甚喜，派人带礼物来京酬谢。施先生推却道：“不应谢我，应谢陈方舟先生，我不过是为他抄方而已。”原来人参又名鬼益，白术又名杨枹，茯苓又名松腴，甘草又名国老，施先生所写仍是四君子汤，由此也可看出施先生谦恭待人之一斑。[14]

3. 不可贬低他人，抬高自己

曾有一失眠女性患者，48岁，多处求医未效，深以为苦，请施先生治疗，仅服五剂，一诊而愈。后因患其他疾病复诊，又见到施先生，并告之，“我在请您看之前，曾服某名医之药月余，没效，而服您的药只五天就把十多年的病给治好了。”施先生先生笑答：“那是因为吃人家的药，已经快好了，即使不服我的药，也该好了，让我捡了一个便宜。”

患者走后，学生们问老师：“之前的医生的方路是不对患者的症啊，您为什么这样说呢?”施老告诉学生们：“患者当时是什么情况，医生为什么开那些药，我们并不了解，对你不了解的事妄加批评，是不负责任的表现。即使是前者用药真的不对，我们作为医生也要感谢人家，是人家替我们走了弯路，才启发我们有了新的考虑。靠贬低他人抬高自己的事情，我们一定不要做，这是为人的基本准则。”他常对学生们说：“人家说我是名医，其实我这一辈子还没见过的病很多，看不好的病很多。”还说：“我的经验都是从为患者治病中得来的，我要还给患者才对得起他们，才觉心安。”

1954年12月，施先生出席全国政协第二届全国委员会第一次会议。其间，毛主席宴请各界人士，施先生与医界名家张孝骞、林巧稚、黄家驷等人也在应邀之列。毛主席对施先生说：“我青年时就熟知你的名字，你是南北驰名的名医，希望你对祖国医学事业多做贡献!”毛主席当着在场的西医来宾，风趣而语重心长地发问：“你们同行是不是冤家呀?”施先生回答：“主席，我们团结得很好，互相尊重，互相学习。”

施先生所说并非虚言，他和张孝骞、林巧稚、黄家驷等名西医关系不错，如遇疑难病都能共同诊治，互通诊况，互补短长，以求疗效更佳。早在这之前，他就与张孝骞结下了深厚的友谊。1948年12月，施先生接诊一位沈姓年轻患者。经过中医的诊断，施先生建议患者到北京协和医院请西医帮助会诊，他提笔给张孝骞教授写了一封信，要徒弟薛培基持此信，陪同该患者去北京协和医院，请张教授看看患者是否患了“进行性肌萎缩”。张教授接诊后，对患者进行了仔细检查，并确诊为西医所定义的“进行性肌萎缩”。张教授告诉薛培基：“病情尚处于疾病的初起阶段，临

施今墨工作场景照

床体征并不明显，施先生仅凭中医四诊的细微变化，就能发现这么复杂疾病的蛛丝马迹……你回去转告施先生，改日我定登门拜访，我很少见到这样的中医。”

治疗过程中，这位患者在服用施先生开的中药的同时，结合张孝骞教授的西药，辅以董德懋的针灸配合治疗，大约半年后，基本治愈。后期经持续追踪随访，患者痊愈后近40年未复发。这是医术高超的中、西医家在会诊过程中的精彩与默契，是中西医学术语交汇、智慧火花碰撞与实践效验贯通，简直处处仙笈，方方灵机。此后，施先生和张教授两人便经常交往、互相会诊。施先生还把自己的爱徒薛培基介绍到张教授门下，学习西医。[17]

（二）利济患者　仁心仁术

1. 鹰爪做奇引，众安神定惊

20世纪20年代的北京有一个以绰号“南霸天”为首的恶霸帮派，他们胳膊上架着鹰，横行于街市或公园，调戏民女，无恶不作，鹰仗人势，眼露凶光，让百姓望而生畏，受害者忍气吞声，无处申冤。恰逢军阀张宗昌宠妾患了疑难病，求巫拜神延误多日，病势日沉，无奈之下，张宗昌求诊于施先生。一番望、闻、问、切，沉吟良久，施先生根据患者的病情，辨证以平肝息风，安神定惊。他思忖着，眼前一亮：鸢脚爪！鸢脚爪俗称鹰爪，性温、味咸，正是平肝定惊的良药。故此既可治病，又能替百姓出口恶气，岂不一举两得？施先生压抑着心头的喜悦，故意面露难色，对张宗昌说：“夫人病情复杂，病势较重。为求特效，需用奇特的药引，就如同军队之作战必谋出奇兵方可获胜。但这种奇特的药引很难买到，手里有的人恐怕不肯割爱，凭将军之力，弄到也很困难！”一番激将，张宗昌夸下海口：“只要北京有的东西，我都能弄到！医师只管开方。”于是施先生在药引中开了“鸢脚爪”，并叮嘱说：“鸢脚爪就是鹰爪，听说近来有人架着活鹰在街市、公园出没，如能得到这种活鹰爪，疗效最好。”张宗昌马上吩咐手下去找。手下在公园里果然见到这伙恶霸，二话不说，上前抢了鹰就走。张宗昌人称“混世魔王”，谁敢惹？恶霸们眼睁睁地看着鹰被抢走，只能自认倒霉，受此打击，嚣张的气焰收敛了不少。[18]

2. 宠辱不惊，杏林奇人

民国初年，有一广东议员，因在议会上与人争执，大打出手而致暴怒吐血，回去服药后不但吐血未止，复加便血，几经诊治，不见效果，病情严重，奄奄一息，于是便邀请施先生出诊。病患家人将施先生引至患者房中，待他进屋后家人即将门从外反锁，并告诉施先生，“此人救活则放你出来，治死则要你同葬！”施先生十分震惊，气愤之余，还是先看病患。见病患仰卧，头歪向一旁，面无血色，双目紧闭，呼之不应，口边仍有血沫溢出。抚脉细如游丝，似有似无。施先生想，血自上出宜降，血自下出宜升，现在上下皆出血，升降都不适宜，只有固守中州，而固中州唯有人参最良，于是命其家人急取老山参一枝浓煎灌服。一时许，患者不再吐血，脉复出。又嘱再取一支老山参合入前剂中再炖，再频频灌服，此次服完，患者气息稍足，眼可微睁，已复生机。其家人对施先生再三表示歉意并要重谢，施先生拂袖而去。[14]

3. “不闻不问”除顽疾

曾担任1957年的公安军受阅方队国庆军旗手杨宝生因一场严重的胃病突然袭来，第二次当军旗手的梦想落空了。不过，这次生病倒让杨宝生开了眼界，长了见识，领教了我国著名中医施今墨先生的风采。

杨宝生胃病发作后，也曾住过医院，但效果不明显，病情时常反复，渐渐成了顽疾，杨宝生痛苦不已。后来听说，在北京医院坐诊的当代名医施今墨先生身手不凡，就盼着能得到施先生的诊治。可那个时候，北京医院尚未对外开放，施先生的社会活动又多，一般人很难见其一面。作为一名普通军官，能否得到施先生先生的垂青，杨宝生的心里还真没底。几经曲折，杨宝生找到了一位在北京医院负责保安工作的战友，战友答应帮忙。不知战友是如何打动施先生的，或许是杨宝生国庆军旗手的独特身份引起了施先生的兴趣，同意为军旗手把脉。朋友叮嘱杨宝生见到施先生时，什么话也不要说，更不要介绍病情。施先生医术高明，只要一号脉自然搞定。杨宝生有些糊涂，中医讲究望、闻、问、切，不闻、不问，只凭望和切施先生就能心知肚明，开出药方？杨宝生抱着半信半疑的心态来到医院。施先生看上去有六十多岁，面容慈祥，仙风道骨。杨宝生谨记叮嘱不敢说话，更不敢讲述病情。施先生微张双目，端详了一下眼前的这位军旗手，笑着示意杨宝生伸出左臂。把了一会儿脉，又示意他伸出右胳膊，同样把了一会儿。施先生也不说话，提起笔来一挥而就，开好了药方。稍微有点常识的人都知道，吃中药最忌讳用茶水送服，而施先生在药方上特意注明，此药可用茶水、菜汤、米汤送下，施先生开的药真是与众不同啊！

杨宝生拿着药方，来到同仁堂药店抓药，药师看方子，随口问了一句：“你这是给首长抓的药吧？”杨宝生一愣，心想，这个药方果然“豪华”，不是一般人能开的，“不是，是我这个少尉吃的。”药师上下打量了一下杨宝生，自言自语道：“那你肯定也不是普通的少尉。”杨宝生不懂医术，更不知道药方的玄妙，也不便多问。买药回来，按照要求将药制成粉末，分了300小包。每天早、中、晚各服一包，越吃效果越明显，越吃心里越痛快，吃到第200包的时候，胃疼的症状消失得无影无踪。杨宝生挺有心计，害怕胃病再犯，施先生开的药方一直小心保存，随时准备拿出来一用，可几十年过去了，顽固的胃病再也没有犯过，药方成了收藏品。[19]

4. 敬业爱民，视若亲朋

“从医治病，医德至关重要”，他对待患者，不分贫富贵贱，职位高低，一视

施今墨在家指导学生

同仁，平等对待，对穷苦人还免费应诊和赠药。中华人民共和国成立前他自己开业时，上午门诊必诊100号，有时超过一二十个，下午出诊，时间安排得也很紧，但他从不马虎从事。遇有穷苦患者，则免费应诊或赠药。中华人民共和国成立初期，曾每日拿出20个免费号。他说："医者，医病者也，对富贵者阿谀取媚，对贫贱者横眉轻慢，小人之举也。"施先生从不摆名医架子，每当施先生治愈疑难病症，或从死亡线上将人救活，都有人送匾、送银盾等物，他都不愿受纳，即使收了，也不悬挂陈列。他认为医者之名，不在吹擂，而在于医道精深，医德优良。处方时在保证疗效的前提下，尽量选价廉的药物，以减轻患者负担。

施先生从医过程中，处处为患者着想，他乐善好施，一视同仁。寒风刺骨的一个冬天，施先生外出办事，坐了一辆人力车，到地方后，看到车夫摘下帽子，擦着满头大汗，他忽然发现这个车夫是位女子，就奇怪地问："你一位女人家怎么能拉车呢?"妇女回答说："先生您不知道，我的丈夫得了肺结核，病得很重，已经起不来床，车是我丈夫的，我替他出车养家糊口。"施先生非常同情地说："我是一名医生，我可以帮你丈夫看病。"他分文不取，治好了患者。妇女感动地说："您不但救了我丈夫，更是救了我全家!"[20]

施先生80岁高龄之后，卧病在床，每有患者登门求治，仍抱病而起，细心诊问，一丝不苟，经常感动得患者致谢再三，含泪而去。

施先生平时事务繁忙，只要约定的事情就绝不失信。有一次预约了一位患者为其诊病，可施先生突患外感，发烧39℃，学生建议请患者改日再来，然而施先生坚持不肯，虽年事已高，还带病为患者诊病。他的这种精神，深深地铭刻在学生心中，堪称楷模。

施先生每开处方必字迹工整，一目了然，讲究为患者负责，医德高尚；治病救人，态度诚恳，提倡起身迎宾，尊重患者。他时常用"一切为了患者"的家风家训教导学生和子女："当医生一定要把字写清楚，拿着'天书'去药房，或抓错药，或药师不认识让患者回来问医生，来来回回给患者增加负担。"

施先生初出茅庐时，曾为当时一位名人诊病，因患者很多，忙乱中他把患者的性别写错了。开方后，那位名人把处方留在了桌上：“医生连男女都分不清，这样的药我不敢领教。”多年后施先生还常向子女讲述这件事，要他们引以为戒。

“文革”期间，施先生被打成“反动学术权威”，被抄了家，病重卧床。1967 年 9 月的一天夜里，有人急促地敲门，家人惊恐异常，家中的“小男子汉”，施先生的幼子施小墨去开了门。原来是一位中年妇女，她儿子患乙型脑炎合并肺炎已深昏迷一个多月，眼珠已不会动，现正住院抢救，气管已切开。孩子的父亲被打成“黑帮”，她在绝望之际想起了施先生。施小墨十分为难：老父已是 86 岁高龄，且重病卧床。那位妇女闻讯悲声大哭，哭声惊动了施先生，他挣扎着坐起来，连声说：“请进来！请进来！”施先生靠在床上，听其述说病情后，口念方子，由施小墨抄方。这张方子是：局方至宝丹二分，安宫牛黄散一分，紫雪丹一分，猴枣粉一分，蛇胆陈皮末一分，西洋参粉四分，朝鲜参粉一分，川贝母粉一分，以上各药合匀再研极细末，用竹沥水五钱调合，缓缓鼻饲送入，隔四五个小时即服一次，一天后请其回音。

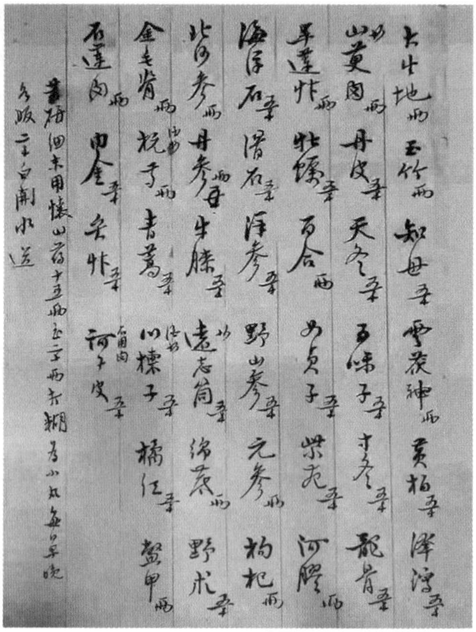

施今墨所开药方字体工整、清晰

施小墨抄方后大惊：一张处方竟动用那么多贵重药，这不是又给自己增加一条罪状吗？

施先生让施小墨在方子上注明病情危重，请药店照顾抓药，施小墨只得照办。那位妇女含着热泪，拿着方子走后，施先生躺在床上对儿子说，做医生要“胆愈大而心愈细，智愈圆而行愈方”，即使救不了患者的生命，也尽了医生的责任，怎么能只考虑个人的安危得失呢？患儿服药后，眼珠会转动了，好像在四处寻找妈妈。尽管孩子最终还是去了，但患儿母亲与施家成了朋友。她说：“怨我们自己看病太晚了，我永远忘不了施大夫。”

施今墨是第二、三、四届全国政协委员。每年夏天，政协都要组织委员避暑，前往哈尔滨、镜泊湖、大连、青岛、上海、南京、苏州、无锡、承德、海拉尔、呼伦贝尔……施先生走到哪儿，都有闻讯赶来的患者求医问药。施先生来者不拒，每天也要看十几、二十位患者。他的小女儿施如瑜随诊抄方，他对施如瑜说：“别人治得好的病你治得好，别人治不好的病你也治得好，那才能成为一个真正的大夫。”

有一次施先生带着孙和与另几位学生去南方旅游，行至上海，应南京路达仁堂乐先生之邀，只在药店贴个条子：施今墨寓此店内。也未宣传，当天就有数十人慕名前来就诊，可见施先生名气蜚声南北。在北京时隔一二个月即到天津应诊一个月，在天津时，患者求诊很多，施先生相当的劳累，仍不辞辛苦为大众服务，这也反映了大众对施先生德高医精的认可。

施先生为患者诊病时，总是边诊病、边与患者交谈。问患者是哪儿人，患者若回答说是山西某县某村，施先生马上能指出那儿的特产，那儿人喜欢吃什么，甚至能说几句当地方言，患者认为他是自己的“老乡”，无话不谈。施先生常和患者说笑话，医患关系十分融洽。施先生诊病认真负责，无论诊脉、询问病情等都很细致，不论白天出诊多么累，晚上甚至夜里，只要有患者请他，他都是马上接诊，已是名医的他，没有丝毫架子。

经施先生看好病的普通百姓更是不计其数，他的夫人经常碰到这样的事：出门在外，迎面走来的人她根本不认识，人家却热情地拉着她的手连连道谢：“是施大夫救了我的命！”

（三）理真术效　进取不息

施先生惜阴勤学，余暇时手不释卷，博览群书，他深知中医中药发展来自民间，书本与实践有差距，民间仍有许多良好的经验、有效的单方，值得深入开拓，绝不能挂一漏万，予以忽视。他常不耻下问，务期穷究，尽量做到兼收并蓄，待用无遗。他曾和叶橘泉讨论单方和草药，谈到千日红的平喘、老鹳草的止泻、决明子的整肠，如此等等的实践效果，历历如数家珍。“工欲善其事，必先利其器”，施先生强调发展中医的同时必须研究和发展中药，这样才能提高疗效。

施先生一生保持两个习惯：剪报、随带红皮小本。他平时注重收集信息，在报刊上看到有关医学信息，就剪下来。如果没时间整理装贴成册，就装在一个纸袋里，需要时可以翻阅。他习惯采风，认为草药中也有零金碎玉，注重挖掘。他每每随身携带红皮小本，发现民间偏方、草药之类，必随手记之。在听到有人讲五味子可以治肝炎后，他就在临床上试用，发现果然有降转氨酶的作用。一次他在重庆山城乘坐滑竿，发现轿工口含一物，翻山越岭，气不促喘，经询问含物乃蛤蚧尾，旋即记之，后在临床作为治疗肾虚喘药，其效显著。[21]

施先生也很喜欢随笔，想到了什么，随手记上，然后放入一个小箱子保存。他曾写道：“经云：如保赤子之心，诚求之，虽不中不远矣。我辈医者对于病家也应如此。”他认为对患者应有赤子之心。到了晚年，施先生还时不时在写冷僻的字、写不常用的药名。

施先生每晚睡觉前，在床头柜上总要放一把小茶壶、小碟上一块手巾、一个耳勺、一个本、一支笔。躺在床上，把白天行医的过程“过一遍电影”；当天看过的几十个甚至上百个患者，全部回忆一遍，一则检查一下是否有疏忽遗漏之处，二则提高医术。若有不足，第二天即让学生找到病家纠正。一有所得，马上开灯坐起，拿笔记在小本上，每天不到凌晨一二点不能入睡。年老以后，虽不再逐个回忆，但积习已久，失眠遂成为常事，但他从不服安眠药，他常在失眠时，披衣而起，看书写字，怡然自得。他在一帧随笔上写道：老耄失寐，习以为常。辄挑灯起继续白昼工作或另从事小劳动，一日得两日之用，未尝不合算也。1965 年 5 月不寐之夜自嘲：人因不睡苦愁添，我自欣然愿失眠；昼夜无分寻乐事，余生岁月倍流年。做这首诗时，施先生已是 84 岁高龄。从中我们不难看到他对光阴是何等的珍惜！

施今墨生活照

北京四大名医之一的萧龙友先生去世时，施先生痛以“硕果不存”四字吊之。在一篇随笔中写道：“我老而未死，还能在医务工作岗位上为人民服务，便是我的幸福，亦不虚度余年。”朴实的话语让我们看到了施先生的拳拳爱国、爱民之心。

施先生一生行医，以“理真术效”自勉，他在医学上取得的成就，正是他一生追求、钻研真理的结果。他把救死扶伤、为患者解除痛苦看作是自己的终生事业，这事业和自己的生命已融在一起，不可分割。

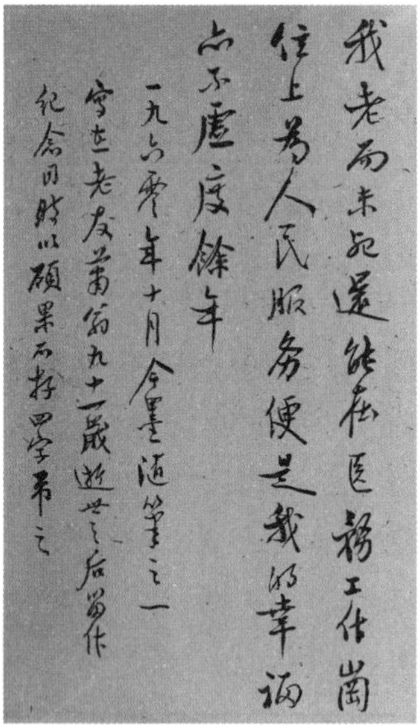

施今墨随笔（1960 年 10 月）

第三篇 国医担当 复兴中医

诸君亦知中医之在今日，为存亡绝续之秋乎。外见辱于西医，谓气化为荒诞，内见轻于政府，成医界之附庸。今墨于数年以前，早已逆知此变，今又隶于卫生行政，更可见吾人环境，非振兴医术，决不足以自存。故敢断言中医之生命，不在外人，不在官府，而在学术也。学术之成否，当然在乎学校。

——施今墨

一、筚路蓝缕、薪火相传

在民国时期一大批名医耆宿有识之士，以施今墨先生为首创建了华北国医学院，吸取近代高等教育的模式和教育思想，“创新而不离宗”，在师授相传的基础上，创立了社会性开放式的新型办学模式。以德治教，坚持德才兼备的育人目标。在教学内容上，以中医体系为主，中西兼授、融会贯通；在教学方法上，以理论讲授为主，强调理论密切联系实际。施今墨先生一生力主通过“编书、办医院、开学校”三条途径来复兴中医、发展中医。他常强调，编书是保存过去经验，办医院是实践现在的经验，开学则是开创未来的经验。华北国医学院的创办，体现了施今墨先生在教育思想上继承之中有所发展，遵循之中有所创新，发扬之中有所提高，具有突出的特点和明显的创意，不愧为近代中医发展史上有巨大贡献的医学家、教育家。

（一）学院的创建与发展

追溯我国中医教育的历史，历来是以师徒传授为主，正规化的中医教育，可以认为是“发端于南北朝（刘宋、北魏），形成完善于隋唐时期……”正规的医学校出现在公元5世纪中叶，南北朝时期刘宋元嘉二十年，开设教育机构，至隋朝开始设太医署，是正式管理医学教育的机构。直到明清时代太医院也都是为帝王将相、王室贵族服务的封闭式医学教育。19世纪60年代，清政府为了“自强求富”开展“洋务运动”，主张学习西方科学技术，提倡“新教育”，开始建立起新式学校。1881年李鸿章在天津创办医学馆。1898年创办京师大学堂，1903年京师大学堂增设医学实业馆，1912年中华民国成立，不久教育部颁发了《大学令》，废除封建教育，建立近代教育体系，这一时期国内先后设立了一批国立或公立医学校，1912年成立国立北京医学专门学校（北京大学医学部前身），1921年北京协和医学院成立。随着医学教育的发展和一系列新型医学教育机构的出现，对于善于接受新事物、具有中西汇通思想的施今墨来说，都会产生极大的影响。

20世纪20年代末期，正值中医危难之际，当时北京名医以萧龙友、孔伯华、施今墨为首，深虑中医后继无人乏术，“慨乎中国医学之寖微，先哲伟业之将堕”，深感只有提高中医的学术水平，才能使中医得以生存和发展，而要提高学术水平，唯有振兴中医教育，“非振兴中医，不足以自存”，决心艰苦奋斗，兴医办学。[22]

1930年，北京中医界名宿共倡创办北平国医学校，设址宣武门外永光寺中街西单辘轳把胡同，后迁至红庙胡同，最后搬至丰盛胡同阜成门内巡捕厅 14 号。1931 年，南京中央国医馆成立，馆长焦易堂来北平视察后，建议更名为北平国医学院，此后即改名为北平国医学院，萧龙友任院长，孔伯华、施今墨任副院长。数月后由于办院方针存在分歧，施先生遂辞去职务。为了培养中西医兼通人才，实现自己独创的教育方针，让中医紧跟时代不断进步，施今墨觉得只有独立创办一家中医学院才能最后完成自己的理想。

华北国医学院第一届开学典礼纪念照（1932 年 4 月 4 日）

1931 年，施今墨先生先开办了“华北国医院研究班”，给华北国医学院创建奠定了基础。1932 年春，施今墨、魏建宏、刘肇甄、陈公素共同创办华北国医学院（以下简称学院），施今墨任院长，陈宜诚任董事长，在中央国医馆立案。学院初建院址在北京宣外盆儿胡同岳云别墅，一年后因校舍不敷应用，次年迁至西城区大麻线胡同 8 号，同年秋成立附属诊所，为学生的实习基地。施今墨还设法开办分院，虽然仍得不到国民党半文经费支持，还是以坚忍不拔的精神，办起了山西分院，并拟办天津分院。1935 年去张家口为省主席傅作义先生诊病时，请求傅作义支持办院，傅作义先生慨然应允，并先批准补助二百元作为开办费，以后每月由教育厅补助一百元，这样就办起了华北国医学院察哈尔分院，[23] 翟济生任院长兼教务工作。1937 年秋，施今墨因在中央国医馆任职，并身兼多职，加之诊务繁忙，故不克兼顾院务，于是公推黄傅霖（济国）任院长。由于学员人数逐年增加，1940 年迁至宣武门外西砖胡同 36 号，40 年代后期施今墨先生复任院长。

从此，京都有两所高级中医学府，并驾齐驱造就中医药人才。

1944 年以后，北平国医学院停办，华北国医学院即为北京唯一的中医高等学府。华北国医学院独自扛起了燕京流派中学院派传承发展的大旗，对学院派在办学理念、教学内容、教材编写、人才输出、知识普及等诸多方面做出了不可磨灭的贡献。[24] 1946—1949 年，受国内战争与时局的影响，学院教务几乎停滞，招收学生数量大为减少。1949 年 2 月，学院又组织了教务会，于道济为教务长，马继兴、张作舟为教务委员会委员，学院院长施今墨为新的教务会发聘书。此后施今墨任名誉院长，不再担任院长职务，推荐杨医亚为院长，董德懋为副院长。学院通过北大医学院教授、中共地下工作者孟昭威引见，请了许多名教授来讲课，还向社会聘请名医教授，并扩大招生。由于正值新中国成立前夕，所以这种繁荣现象没能持续多久，很快就陷入了停滞状态之中。

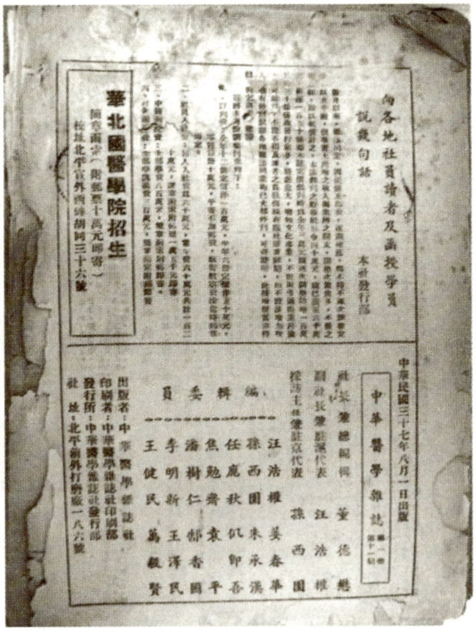
向各地社員讀者及函授學員說幾句話
本社發行部
華北國醫學院招生
簡章函索（附郵票十萬元即寄）
校址北平宣外西磚胡同三十六號
中華民國三十七年八月一日出版
中華醫學雜誌 第一卷第十一期
編輯委員
江浩權 姜春華
孫西園 朱承漢
任應秋 仉即吾
焦勉齋 袁平
潘樹仁
李明新 王澤民
王健民 萬毅賢

刊登在《中华医学杂志》第一卷第十一期上的招生信息（1948 年 8 月 1 日）

1949 年 10 月 1 日，新中国成立以后，原华北国医学院的校友和一些热心中医事业的同道，杨医亚、董德懋、于道济、马继兴、马毅青、张作舟等开始商议振兴华北国医学院的有关事宜。学院招收了一批学生，同时又积极与当时新政府协商，由孟昭威与卫生部（现卫健委）联系，希望由政府接办。1950 年 2 月，卫生部（现卫健委）接管学院，直接负责的是医政处鲍敬桓。校址由西砖胡同迁入西市马大街 56 号，改名为“北平中医进修学校”，该校办学任务是提高开业中医师的水平。截至 1949 年，在民国时期的 18 年，共招生 16 班，入学人数约 636 人，毕业人数约 347 人，至此，华北国医学院完成了历史使命。[25]

（二）学院办校特色

1. “创新而不离宗”，力创中医高教新模式

学院在中央国医馆备案，对于办院方针和教育思想上受其一定的影响，如中央国医馆的宗旨称“采用科学方法整理中国医药，改善疗病及制药方法”，又规定“为便利病家治疗及养成医药人才，得附设医院及医药学校”。由于始终未能列入当时政府的高等教育系列，在经费上根本得不到政府的支持，建校的经费仅

靠学费入不敷出，其余均由施先生诊费补贴。但是全院师生员工怀着振兴中医药的雄心，齐心协力，为办好学院而奋斗。他们深刻地认识到立志兴学培养人才，是振兴中医的根本措施，正如施先生所说："中医之生命，不在外人，不在官府，而在学术也，学术成否，当然在乎学校……"迄今，这种看法也十分中肯。[26]

虽然华北国医学院是中医高等教育学府，但并无先例可循。于是施今墨先生事必躬亲，首先制定了一套比较完整的规章制度，"以科学方法整理中医，培植养专门人才，绝不拘泥成法，故步自封，唯一宗旨希望明先哲遗言，借助新医经验，为人群造福"是学院的办学宗旨，坚持以医德和医术结合、中医和西医结合、理论和临床结合的"三个结合"为学院始终如一的办学方针，按近代教育模式设立董事会和教务机构，实行严格的教学和学籍管理体制。[27]

学院具有一套比较完整的规章制度，其中包括董事会简章、学则、学年、办事细则、教务会议规程、聘请教员规约、职员办事通则。

学员必须具备高中毕业或同等学历，经考试合格才能入学，学院每年招收一期，面向社会招生，学制"暂设医科订四年毕业"，均符合正规高等教育的入学条件。学员主要来自北平、天津、察哈尔等地，还招收了部分女学员。招收第一班学员是由北平国医学院转入的，共 21 名，每期虽学员不多，培养的学员毕业后则服务于社会，在中医教育史上可谓开放式的创新模式。

为了保证教学质量，建立了一支比较强大的中西医教师队伍，聘请了一批有真才实学、立志革新、热心中医教育事业的名贤耆宿任教。如曹养舟先生，任教时年已八旬，但他精神矍铄，文学修养很深，他讲授《黄帝内经》《伤寒论》《金匮要略》多年，对中医经典著作的条文做了卓有见地的解释，而且强调"不可读死书，要有所发挥"。《古典文学》《中国医学史》《医古文》则聘请四川著名学者刘廷衡，清末举人周介人、计暗修等先生任教，儿科瞿文楼先生，当时被誉为"正统幼科"博学多才，医德高尚。当时的名医赵锡武、朱壶山、杨叔澄、王仲喆、邱宗山、陈宜诚等，先后担任《黄帝内经》《难经》《金匮要略》《伤寒论》等经典医籍的教学。中药学有方伯屏、顾膺陀、王药雨，外科有赵炳南、段馥亭、赵绂文等，医学史有刘砥中，针灸有吴彩臣、夏禹臣、牛泽华，推拿按摩有曹锡珍等，真是名医荟萃，耆宿云集。20 世纪 40 年代初，施今墨弟子魏舒和任学院教务长，后期

华北国医学院校门

妇科专家于道济任学院教务委员会主任，罗止园、杨医亚、董德懋、马继兴、张作舟等中医专家及学院早期毕业的学生又分别聘到学院任教，充实了教师队伍。

西医教师也都具有较高的水平，多为北大医学院的讲师兼任，阵容十分可观，而且热心于中医教育，例如陈公素先生，在讲授传染病学时，对于中西有关论点相互印证，使学生们的思路比较清楚；再如讲授生理解剖的韩宏厚，细菌学、诊断学的安伯伦，内科学的李仲美，妇产科的王如皞①，眼耳鼻喉科的张瑞祺，法医学的施汝柏，救护学的徐政等；姜泗长教授也曾担任过西医课程，担任德文课的王季如，日文课的黄济国、樊哲民等水平均较高。后期北大医学院教授孟昭威，新亚制药厂北平分厂厂长、中医药爱好者杨福昌曾到学院任课。

学院课程设置共为 37 门，组织编写了一套完整的中、西医教材，可以视为北京中医高等教育史上的创举。

这些课的教材大部分由学院老师自己编写。以往教学或带徒都以经典和古医书为教学课本，没有正式实用的教材，面对如此状况，他们从办学开始分期、分次认真编写各科所需教材，并不断进行修改。老师深知教材是教学质量的保证，他们认为："中医书籍浩如烟海，理论玄妙，学说各异，每使学者漫无所从，学校讲授当先确立教材标准，循此标准，编辑讲义学说避免玄奥，以实用为依归，取人之长，补己之短，多做科学之解释，勿以旧说麻木青年。"对于中医理论，学院教师们不仅做了系统地整理，而且结合自身的就医经验和历代各家心得体会，去粗取精，同时采集各家之长，进行发挥和提升，启迪思路，编写了一系列教材。例如朱壶山在《伤寒杂病精义折中②》（提到编写过程："取伤寒杂病论潜心研释，采历代各家之注解，取其驳杂取其精切，附以个人十年稿，凡五易书成。"

学院教师编撰的教材讲义主要有如下几种：《内经讲义》（朱壶山，1936 年），《内经讲义》（张光三，1937 年），《伤寒论精义折中》（朱壶山，1932），《伤寒杂病精义折中》（朱壶山，1934 年），《金匮折衷》（杨叔澄，1936 年），《伤寒折衷》（杨叔澄，1937），《仲景学说讲义三种》（周介人，1936 年），《杂病论精义折衷》（北京华北国医学院，1936 年），《针灸讲义》（1934 年），《脉学》（周介人辑注，1937 年），《儿科概论》（施光致，1936 年），《中国医学史》（杨叔澄，1938 年），《病理学》（左季云，1934 年），《诊断学讲义》（1937 年），《内科讲义》（朱壶山，1939 年），《幼科讲义》（王仲喆，约 1923 年）。

2. 以德治教，德才兼备的育人目标

学院在办学上十分重视德育，提倡德智体全面发展。在教师们言传身教的影

① 华北国医学院第三届毕业纪念刊 1937 年记载为：李钟美、王皞如。

② 《现代汉语词典》第 6 版中的折中、折衷通用。

响下，学院的校风严肃笃诚。同样施今墨先生身体力行，以他高超精湛的医术和济世利人的高尚医德影响教育学生，他告诫学生们要做良医必先做人，注意个人医德品质的修养。

（1）制定医戒十二条

施今墨先生首先提出了医戒十二条作为医德教育的内容，是当时华北国医学院进行医德教育的一项重要措施，充分体现了他“以德治教”的高尚品位，从《华北国医学院第二届毕业纪念刊》所载的医戒十二条可窥见一斑。

医戒十二条：

第一条：医之为业，为人而非为己也，故不可耽安逸，不可邀名利，但以救人为本务，除保存人之性命，治疗人之疾病，解除人之痛苦外，更无所事事。

第二条：医者以治病为务，故当但见患者，不当以其富贵贫贱而有所歧异，贫贱人双行之泪，不让富贵人一握之金也，愿深思之。

第三条：医者当以患者为正鹄，勿以患者为弓矢，不可坚执一己成见，漫尔尝试。

第四条：学术固须精进，言行亦当注重，不可为诡奇之言论，不可效时俗之行为，一味虚伪，为医界羞。

第五条：每日夜间，当更将昼间之医案，再加考核，详细札记，积久成书，为己为人，两有裨益。

第六条：诊病不厌精详，彼临证粗疏而又妄自尊大者最为可恶。

第七条：病即不治，须设法解其痛苦，切不可直言告之，使其绝望，亦不可忍心不救，有乖人道。

第八条：患者果系素寒，务当利济为怀，切不可强索巨金，转致其人于死。

第九条：医者当以笃实为主，以沉默为贵，酒色财气是其大戒。

第十条：对于同道，老者须敬之，少者须爱之，勿论前医之得失，勿道他人之短长，亦不得倾轧嫉妒。

第十一条：会商病情，斟酌方药，当以患者之安全为务，不可人执一见，互相纷争，转害病者。

第十二条：患者信托之医而窃商诸他医，未知，慎勿与闻，然设明知其误治，亦不得漠视不言。

医戒十二条的核心是仁者爱人，其中特别强调：医业以救人为本务，医者以治病为正务，故不可耽安逸，不可邀名利。施今墨先生在诊治患者过程中不厌精详，力免粗疏，认真负责，和颜悦色，细致入微，对患者不论富贵贫贱，一视同仁，从不论前医得失，不道他人短长。他在医学带教和讲授医疗知识时的言行直接体现了医戒十二条的要义，成为言传身教的榜样。

1）救死扶伤，一心为众：医戒十二条的主要精神就是培养学生以人道为怀，视名利为泥土，救死扶伤，治病救人，一心为众，适应社会之需要为目的。所以医戒十二条中明确规定，“医之为业，为人而非为已也，故不可耽安逸，不可邀名利，但以救人为本务，除保存人之性命，治疗人之疾病，解除人之痛苦外，更无所事事”（第一条）。医者医人，操生命之大权，当以赤心贡献，绝不能玩忽职守，草菅人命。因此在第三条中规定“医者当以患者为正鹄，勿以患者为弓矢，不可坚执一己成见，漫尔尝试”。医者医病，当以安全为要，以提高疗效为目的，绝不能妄自为是，漫天吹擂，更不能以门户之槛，故步自封，每当药不中的，则应会商病情，以能者为师，以挽救生命为首要。例如，在第十一条中规定：“会商病情，斟酌方药，当以患者之安全为务，不可人执一见，互相纷争，转害病者。”短短三条戒律对一个“良医”的职责，做了明确的规定，体现了救死扶伤，一心为众的高尚医德。

2）笃实诚挚，技艺求精：医戒十二条中对于学生的道德修养要求很高，除了批评个人利益之外，提倡“医者当以笃实为主，以沉默为贵，酒色财气是其大戒”（第九条），还痛斥当时的“时俗之行为”和“虚伪”的作风。关于这一点，在学生操行成绩考查发中，也有明文规定，作为平时言行之考查，并在一学期终参照各种表册之记载统计，及各学生日常言行之表现做一操行之总考查。在其他戒条中，也规定待人接物谦虚，要敬重同道，襟怀坦然等等个人品德修养之要求标准。

在重视医德的同时，在技术上也要求他们精益求精，第四条中规定：“学术固须精进，言行亦当注重，不可为诡奇之言论，不可效时俗之行为，一味虚伪，为医界羞。”作为医生，终生以医疗为职业，临证诊治是尽职之岗位，所以“诊病不厌精详，彼临证粗疏而妄自尊大者最为可恶”（第六条），不但痛斥了临诊“粗疏”与“妄自尊大”的不良作风，而且引导学生在医疗实践中，要及时总结经验，以提高技术水平，“每日夜间，当更将昼间之医案，再加考核，详细札记，积久成书，为己为人，两有裨益”（第五条）。盖医之有案，若奕之有谱，医案乃中医理论方药实践之详载，治疗成败之笔录，医技高低之评判。所以重视医案之考核，及时复习检讨，不但能够巩固所学之理论，而且还会在实践中对自己提出更高的要求。

3）敬爱同道，披肝沥胆：中医药是中国历史文化宝库中的瑰宝之一，是中华民族与疾病做斗争中创造的具有民族特色的医学奇迹，自岐黄迄民国，业已数千余载，赫赫中华，地大、物博、民众，拥有众多医家世代相传、人才济济的良医群体。施今墨先生深感于岐黄千秋大业，疗疾问苦绝非一人所能事，尚需诸多志同道合者共施医事，必须破除“同行冤家”之旧习。为了防微杜渐，所以明确告诫："对于同道，老者须敬之，少者须爱之，勿论前医之得失，勿道他人之短长，亦不得倾轧嫉妒"（第十条），充分体现了同道相处的道德规范。

由于医事活动的社会性特点，关系错综复杂，处置得当则利人，处置不当则能害人，特别是对于同道之间，以及与病家之间的关系。所以，每当"患者信托之医而窃商诸他医，未知，慎勿与闻，然设明知其误治，亦不得漠视不言"（第十二条）。既要尊敬同道又要实事求是，切勿置病患之信任于含混的情面之上，如果病家出于对自己的信任而窃商他医时，不知之为不知，慎勿与闻，但是明知是误治，就不能漠然处之，胸怀坦然，清澈可见。

4）利济病患，视若亲朋：医之为业，应以医治患者之病痛为正，医德医技之培植，最终仍以治病救人为目的。医风之好坏，冷暖分明，直接影响病家，时俗庸医，唯利是图，对于登门求医者嫌贫爱富，把医技当资本，奇货可居，其中强索巨金者更为可恶。唐代孙思邈曾云"医人不得持己所长，专心经略财物"（《千金要方·大医精诚》）。医戒十二条中也明训，"医者以治病为务，故当但见患者，不当以其富贵贫贱而有所歧异，贫贱人双行之泪，不让富贵人一握之金，愿深思之"（第二条）。

中国医学古奥玄深，寿世保民，已具有数千年悠久之历史。在学术上，属自然科学范畴，是故各人所长确实有限，岂能妄称百病皆治，而应对于"病即不治，须设法解其痛苦，切不可直言告之，使其绝望，亦不可忍心不救，有乖人道"（第七条）。一切从人道主义出发，即患不治之症，也应尽力挽救，解除其痛苦。

古人强调医学为"仁术"，对任何人都要关心爱护，因此，如若"患者果系素寒，务当利济为怀，切不可强索巨金，转致其人于死"（第八条）。施今墨先生对于贫寒患者则免收或少收诊费或药费，为济世良医树立了榜样。

综观上述，医戒十二条宣扬了医者之道，以救人为本务，应当千方百计解除患者之疾苦，不论贫富贵贱一视同仁，对于医术精益求精，对于同道诚挚敬重，临证诊病要精详，疑难大病要会商。医德与医术，在实践中往往是相互关联而并存的，因为医者医人，主操生命之大权，绝不能有任何私心杂念，更不能玩忽职守、草菅人命，与此同时着力批判的是：图名利、安逸、醉心酒色、财气，虚伪诡诈，妄自尊大，以及慕富贵，歧贫贱，强索巨金，拿患者做试验，对于同道相互纷争，背后议论，甚而倾轧嫉妒，诸如此类，均严词告诫。扬高尚之医德，行纯正之医风，在当时社会确实难能可贵。[28]

（2）制定"学生奖惩条例"，提倡德才兼备

激励上进，赏罚分明，确实体现了以德治学、德才兼备的育人目标。

学院制定了"学生奖惩条例"，激励上进，赏罚分明。做过同盟会员的施今墨先生把"上医医国，其次医人"作为道德教育的另一个方面，在他这种进步思

想的教育影响下，在解放战争时期，很多学生接受进步思想，有些参加“反饥饿”“反内战”游行示威，有的投奔解放区参加革命，有的还献出了自己的生命。在智育方面，施今墨先生注意开阔同学们的思路，提倡科学求实的态度，鼓励百花争妍、百家争鸣的精神：“凡学生对于所习学科有所发明或著述，确有心得，切于实用者，经教务会议评定后，报请院长奖励之。”当时学生们自己创办的学术刊物就有四五种，学术气氛十分活跃。在体育方面，学程四年，第三学年时还有国术课，使学生们有锻炼身体的机会。

3. 重视中医经典，博采各家之长

施今墨非常重视经典理论的学习，他主张将《黄帝内经》的基本观点择要编写到学院中医基础理论课中，供新学员初期学习研究。他认为：“《黄帝内经·素问》一书，乃在人思想初步发达，本自然科学相互唯物的观点，而欲揭露人体内部结构之秘密及其与外界气候事物之接触，疾病关联之处所，企图改造环境，求得延年却病方书之书也。是以谈养生延纪、预防疾源之理论较多，而治病方药反少。”他主张对运气学说等深奥理论与临床关系不大者，可留专业人士深入研究，初学者无须深究，这就是择要选用之意。

施今墨先生认为，张仲景首创了中医辨证施治和理法方药的学术体系，这一学术体系奠定了中医临床的基础。施今墨先生教诲学生必须认真研读《伤寒论》《金匮要略》，并在以后的临床实践中熟练应用。他谆谆教导学生，要打好中医基本功，初学时背诵启蒙一些书籍，《笔花医镜》《医学心悟》《医方集解》《本草备要》，再学《张氏医通》《赤水玄珠》，继而学《黄帝内经》《伤寒论》《金匮要略》，在此基础上再跟随老师侍诊抄方。施今墨先生对中医学理论造诣很深，对经典医籍以及金、元、明、清各名家学术均有所钻研，主张采各家之长为己用，对古代医学流派不轻易盲从，对于近人丁甘仁，施今墨先生极为崇拜。他曾以《丁甘仁医案》作为学院教材，结合临床实践，亲自为学生授课。

施今墨门人关淑文拜师纪念照（1942 年 7 月 15 日）

施今墨先生认为首先要博通各家，然后由博返约，只有这样才能在中医方面有所造诣。在讲课时常常旁征博引，在临床上不泥一家。他常常警告学生：“其有好

逸恶劳者，不下苦工，舍本求末。例如学习妇科，若只固守傅青主之书不放，只习用生化、四物等数方不变，以统治妇人诸病，此乃借《傅青主女科》之盛名，以自高身价而以专家自焙，欺世盗名，不足为训，非吾之徒也。”治学态度的教诲是：“必须锲而不舍，志坚金石；纵览群籍，精究专业；博采众长，不偏不倚。”

当时的名医赵锡武、朱壶山、杨叔澄、王仲喆、邱宗山、陈宜诚等先后担任《黄帝内经》《难经》《金匮要略》《伤寒论》等经典医籍的教学，中药学有方伯屏、顾膺陀、王药雨，外科有赵炳南、段馥亭、赵绂文等，医学史有刘砥中，针灸有吴彩臣、夏禹臣、牛泽华，推拿按摩有曹锡珍等，真是名医荟萃，耆宿云集。

对于中医理论，学院教师们不仅做了系统的整理，而且结合自身的就医经验，去粗取精，同时采集各家之长，编写授课教材，对中医理论有了进一步发挥和提升，启迪思路。

4. “汇通中西”，中西兼授教学新主张

19 世纪 60 年代，随着西学东渐之势，在政治文化思想领域里，萌发了“中学为体，西学为用”的思潮。咸丰十一年（1861 年）冯桂芬所著《校邠庐抗议》一书中曾提出：“如以中国之伦常名教为原本，辅以诸国富强之本，不更美者哉！”经过几十年的“洋务”实践，到张之洞《劝学篇》“旧学为体，新学为用”之说，相继对于“中体西用”的论述，已有不少的阐释。一般认为“中体西用”是在突出中学的主导地位和精神价值的前提下，确认西学的辅助作用和物质价值，从而形成一个以中学为主导、中西兼容的文化结构。光绪二十三年（1897 年）孙家鼐在筹办京师大学堂时指出：“以中学为主，西学为辅；中学为体，西学为用；中学有未备者，以西学补之，中学失传者，以西学还之，以中学包罗西学，不能以西学凌驾中学。”可以认为是在高等教育领域“中学西用”的先导。

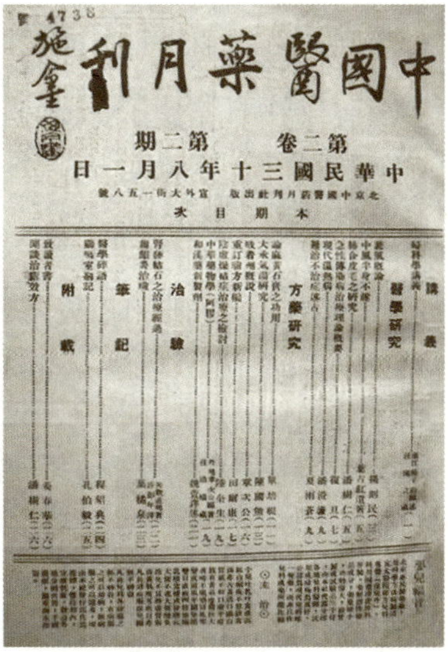
中國醫藥月刊
第二卷 第二期
中華民國三十年八月一日
北京中國醫藥月刊社出版 宣外大街一五八號
本期目次
講義
醫學研究
方藥研究
治驗
筆記
附載

《中国医药月刊》第二卷第二期（1941 年 8 月 1 日）

随着西洋医学的侵入，以及“中学西用”广泛向各个学术领域的渗透，也促进了中西汇通医家的思想方法。实际上这种思想渊源，可上溯到 17 世纪初，徐光启在天文历法活动中提出的中西“会通归一”的思想。1890 年，洋务派人物李鸿章为《万图药方》所写的序文中，最早提出“泰西医学有长官、有学堂……倘学者合中西之说而会其通，以造于至精微之境，与医学岂曰小补”，实际上真正开始实行

中西汇通的仍是中医界的有识之士。

（1）坚持中医科学化

20 世纪 30 年代前后，北京已有三个西医高等院校成立并运作，西医医院、诊所业已应诊多年，以及当时人们对西医西药治疗的依赖和社会需求，对于施今墨先生的教育思想影响都很大。在办学思想上，施今墨先生是国内第一个提出中西医结合的人，他热爱祖国医学，但不讳中医之短，不嫉西医之长，大力提倡革新中医，强烈主张用现代科学方法阐明中医理论，坚持中医科学化。

施今墨先生认为，中医高等教育的方向应当适应社会的要求，他明确指出："吾以为中医之改进方法，舍借用西医之生理、病理以互相佐证，实无别途。"虽然中医教育有其传统的模式，但在民国时期要开办中医的高等院校，应当根据新形势，提出新的思路和方法，贯彻到学院制定的办学方针之中。他在组织大纲中更概括地说："本学院研究整理中国医学，应用科学方法，做新国医教育，培养医学人才，应社会之需要为目的。"

为了"发扬文化，研究国医学术"，1937 年施今墨、周介人、陆湘生创办北京中医学社，后由董德懋主持一切事务。1940 年，董德懋创办《中国医药月刊》，施今墨先生为医学顾问，发行本刊以期同仁"能共同努力，不存门户之见，以学术为前提，不泯灭中医之长，不回护中医之短，利用科学方法，以求治疗之真理……以扬我东方之文化"。该刊立足中医，积极采纳西医，探讨经典理论，重视研究中药方剂，长篇连载中医名著，刊载大量治验和名医验案，是当时学术内容丰富、水平较高的中医期刊之一，可以说是纯学术期刊，体现了求真务实、脚踏实地的办刊风格，对凝聚中医力量，推动学术发展和交流具有积极的作用。[29]

（2）提倡中西医结合

施今墨先生认为，西医的传入对人体结构及生理功能的理解远远超出了《黄帝内经》"五脏六腑""三焦气化"等范围，作为医师，不论是西医师，还是中医师，对正常的人体应该有一个正确的理解，因为不论中医还是西医治疗的对象是"人"，若对人体不了解，何以能治好病。中西医的区别是医学理论体系的不同，对于人体生理病理现象、诊断所采用的解释方法和治疗手段有所不同而已。

在施今墨先生的影响下，联合一批志同道合者，坚持在办院方针上遵古训而不拘泥，以科学方法研究整理中国医学，为了满足社会需求，为人群造福，遵循中医教育学的客观规律并有所发挥。在教学计划和课程设置上以中医体系为主，同时增设西医基本内容，开创了以中医为主、中西兼授、融会贯通的中医高等教育新模式。

这种新思路在教师中也广泛得以支持，如杨叔澄先生所说，对于西医"不可存门户之心，或有轻视之念，当于课业之暇，讲明而应用之，以补中医所未备，盖医学志在救国民之疾苦，不当故步自封，以自限其进展也"，同时也抓住了教师队伍建设的关键，集中当时的名医耆宿，以及具有革新思想的中医学家，团结中西医，精诚笃志，兴医办学。

中医课程有《中国医学史》《医学大意》《黄帝内经》《难经》《伤寒论》《金匮要略》《温病条辨》《诸病源候论》《本草》《处方》《脉学》《辨证论治》《医案学》，以及内科、外科、妇科、儿科、针灸学、骨伤科、眼耳鼻喉、皮肤花柳科等课程，西医课程有解剖学、生理卫生、病理学、细菌学、药理学、诊断学、传染病学、法医学，以及内科、外科、妇科、儿科等临床各科课程，此外还设有国文、日文、德文等课程。在实验课方面，参加北大医学院的生理病理幻灯教学、尸体解剖、病案病理讨论等，从理论到临床，为不断提高中医学术水平创造了条件，中西医课程的比例大致为7∶3。

另外，在教材的编写上进行了中西医结合的尝试，如《急性传染病讲义》以西医病名为主体，在疗法上详述中药的内容，也有的以西医病种为题目，而后详述中医的理、法、方、药，以切实用，开辟了编撰中西医结合教材之先河。对西医课程，学院在参考近代西方高等学校的课本的基础上加以改编，形成适合中医专业学习的西医教材，例如《生理学讲义》与现在中医药院校的课本体例基本一致，但在三焦、六经、月经之倒经等方面有一些独到的见解，很好地解释了中西医相关的概念，有利于学生形成中西汇通的辨证诊疗思维。此外，施今墨先生还开设了医案学，开创了编写医案的规范。[24]

学院教材的印刷也颇有讲究，凡是中医类教材印刷是竖排版，西医相关教程教材则是横排版，“中西合璧”思想体现得淋漓尽致。

5. “融会各家之长”，理论结合实践立根基

（1）教学与临床结合

学院采用集体教学方式，吸取了西医院校办学的经验并有所发挥，在教学方法上，仍以课堂理论讲授为主，继承了师承相传的方式，对学员集体进行讲授，在教学安排上，充分体现了施今墨先生重视理论联系实际的教学方法。其在北平创立中医高等学府，并明确提出“中西兼授融会贯通”中西结合的观点，对全国的影响很大。从中医教育学史的发展来看，起步稍晚，但生命力却很旺盛。

施今墨先生开创了中医院校教育医案课的先河，并亲自讲《丁甘仁医案》课，采用师生互动，以讨论形式授课，每一位学生都有机会表述自己的观点，提出问题并回答问题。施先生多用启发的方法，让学生进入主动思维状态，把课堂变成诊病现场。所以当学生随师见习时，完全没有所学理论与诊病的脱节感。合理将经典和临床有机结合，能尽早全面接触中医精华，尝到真正的中医“味道”。后期教医案课的，是编写《祝选施今墨医案》的祝谌予，由于祝谌予先生对中西医学融会贯通，能从不同角度讲授，深受学生欢迎。朱壶山则在讲课时常结合施

今墨医案，讲述经典理论精义，学生收获很大。

施先生还到学院门诊带领学生们教学实习。他在门诊时不但详细向学生们讲解病情、辨证要点和用药特点等，在中午门诊结束后，还要把学生们集中起来，对重点病例进行系统讲解，理论与实践密切结合。还要求学生每天夜间把当天看过的病例，详细分析记录，积累成册，而且实习、考试都按正规院校执行，可见学院对临床实践的重视，也是学院中医教学的特点之一。

施今墨先生主张中医传承“一生多师”，即一名学生应该向多位老师学习，摒弃门户之见，最大限度地增长学识，还给学生们创造各种机会结识大医，受其指点与熏陶。他鼓励学生们在读过杂志上发表的中医大家的文章之后，去向作者当面求教，由此师生得以相互认识；那些有才华的学生有可能得到中医大家的认可，并有可能被接纳为学生，这样就容易形成“一生多师”的局面。如祝谌予、张遂初、张宗毅同时跟随施今墨与周介人两位老师学习；薛培基白天跟随施今墨临床，晚间随朱壶山、富雪厂等老师学习《内经》《伤寒论》《温病条辨》等经典课程；马继兴一边在华北国医学院读书，一边跟焦会元老师学习针灸等。

一些当年在华北国医学院读书的学生回忆说，上午听老师讲课，下午跟老师到门诊看病，晚间整理亲历的医案，或听名师讲解经典课，这样的学习过程使他们学而能懂、学以致用。学生毕业时要写出学术论文，诸多论文施今墨先生都要过目，每有优秀论文，眉批总批，圈圈点点，爱才之心，跃然纸上。成绩优异者，除发毕业证书外，还发门人证明书。

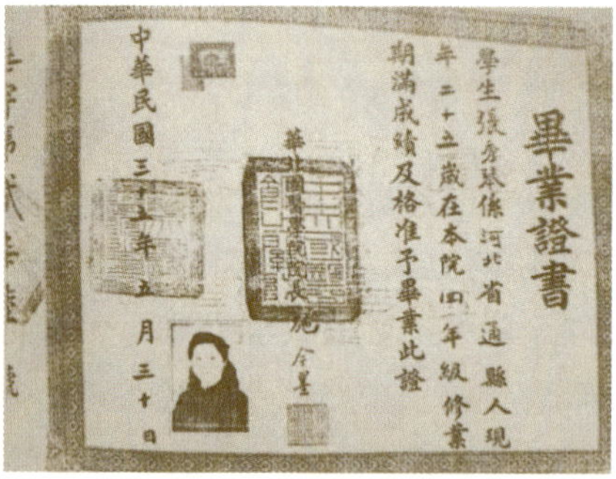
畢業證書
學生張秀琴係河北省通縣人現年二十五歲在本院四年級修業期滿成績及格准予畢業此證
華北國醫學院院長施今墨
中華民國三十五年五月三十日

学生毕业证书（1946 年 5 月 30 日）

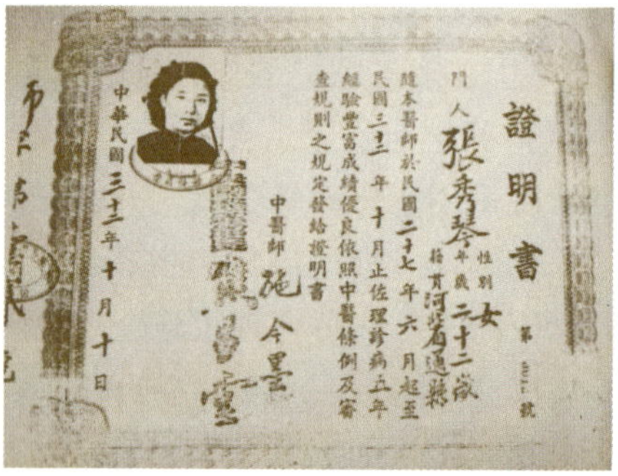
證明書
第 號
門人張秀琴 性別女 年歲二十二歲 籍貫河北省通縣
隨本醫師於民國二十七年六月起至民國三十二年十月止佐理診病五年經驗豐富成績優良依照中醫條例及審查規則之規定發給證明書
中醫師施今墨
中華民國三十二年十月十日

门人证明书（1943 年 10 月 10 日）

（2）基础与临床课程并重

施今墨先生提出：“若西医有所能而中医有所不能时，不妨采取之、学习之。”这种开放的学术精神在民国时期的中医大夫当中实为罕见，甚至在当时不为同行所接受，但这种学术精神培养了大批杰出的医家，使得近代中国的医坛群星闪耀、名医荟萃。

学院教育对于中医基础理论和西医基础课都十分重视，强调只有“树其根基”才能学好临床课，同时重视理论与实践相结合。在第四学年开始边上课边实习，其学院附属诊所供教学使用，使学生学以致用，这种方法一直被现代中医沿用。对于西医的基础课，如生理卫生、解剖学、病理学、细菌学等，不但有课堂讲授，而且还到北大医学院参加生理病理幻灯教学、尸体解剖、病案病理讨论等西医实验课。

学院教育还重视基础课与临床课分段交叉学习，教学上不但重视内、外、妇、儿等主科，而且也很重视骨伤、针灸、五官、皮肤等科，突出体现了“系统学习、全面掌握、整理提高”的原则。

施今墨先生同时也注重实践，在学生的实习中，吸收了西医的检查和化验手段，还经常和西医专家姜泗长等共磋医疗方法，不断探索中西医相结合的治疗新途径。从理论到临床，为不断提高中医学术水平创造了条件，突出体现“系统学习、全面掌握、整理提高”的原则。

（3）教材内容与临床互融

学院教师们深知教材是教学质量的保证，在缺乏统一中医教材的情况下，他们认真编写各科所需教材，对于中医的理论不仅做了系统的整理，而且联系临床实际，去粗取精，进行提高和发挥。例如王仲喆编写的《幼科讲义》，特点是“撷其精华，期切实用，取其长而弃其短，矫其偏而救其弊，不失保赤之旨”。同时也尽可能地采用各家之长，以启迪思路，如杨叔澄在《伤寒折衷》序中说：“采诸家之说著为通论……至于本论则分节注释，扶择诸贤之精华，以期臻于至当。”

由于教师们都是临床开业医生和理论大家，具有丰富的实践经验，所以在编写教材时，往往把自己的多年心得体会写进去，讲起课来也能得心应手，实用性很强，把领会透彻、用之确有疗效的临床本领毫无保留地教给学生。如周介人、朱壶山、杨叔澄等都是当时声闻遐迩的临床大家。如朱壶山的《伤寒论通注》《杂病论通注》、杨叔澄的《医学大意》等都是自己编写的教材，而后者以《医学实在易》《慎疾刍言》等原著和注解为主，循序渐进，可以使学生较快地掌握中医基础理论。由于所聘请的老师在教学方法上都比较重视理论与实践的密切联系，历届毕业生们一致认为：“在以中医为主的教学中，讲些西医知识，非但不会影响中医的特色，反而对于临床治疗和科学研究有很大的帮助。”[26]

（4）实践之中升华理论

施今墨先生鼓励学生多独立思考，多发表自己的观点，旨在改变中医界只顾看病、不善总结的陋习，以此培养学生独立思考能力，培养学生创造性的临床思维，以培养学生理论和实践结合的能力。

学院于1935年创办校刊《文医半月刊》，设有长篇专著、医学商讨、名医医案、医药问答、脉学讲座、外科启秘、幼科研究、药学研究、良方介绍、论坛、译作、杏林文艺、卫生常识等栏目。1937年由杨医亚创办的《国医砥柱》，由董德懋主办的《中国医药月刊》（1940年）、《中华医学杂志》（1947年）等杂志，均是学生发表文章的园地。每届毕业纪念刊上，收录学生们的毕业论文，也是学生学术展示的园地。在1937年的《文医半月刊》上，施今墨先生云：“学问之道永无止境，取短见长学者本色。当此科学发达之秋，自应舍去吾国医学陈陈相因之玄说奥理，而走向科学化之途。无论中医、西医，其理论正确治疗有效者，皆应信任之，反之摒弃不用也。”

华北国医学院主办的刊物

在施今墨先生的影响下，学生对时方、经方无门户之见，能灵活运用，临床上都有较好的疗效，学生的毕业论文也具有较高的水平，获得中医界的赞许。在《文医半月刊》上发表文章而较有影响的有彭子益的《中医系统学》（今名为《圆运动的古中医学》）原理篇、生命宇宙篇，以及第二届学生任冠民的毕业论文《医案概论》、医夫的《萧山今墨施氏医案》、朱壶山的《杂病论精义折衷》等，都是长篇连载。一些论文虽然出自青年中医之手，其中确有一些深得中医精髓的见解。[30]

总体来看，从办学到1949年，学院经过18年的实践，学院采用集体教学方式，吸取了西医院校办学的经验，取中西两家之长，并有所发挥，从其学制、学程、课程设置、师资队伍、教学计划等方面，创立了较完备的规章制度和教学模式，以社会力量自筹资金开办中医药学校，突破了师承家传的个体传带形式，发展了古代“学院”式教学模式，已经成为一所民办、正规化的中医高等教育学府。

《华北国医学院第一届毕业纪念刊》

从华北国医学院的办学宗旨来看，充分体现了施今墨先生在传统中医教育的基础上，吸取近代高等教育的模式和教育思想“创新而不离宗”，仍以师授相传为基础，创立了社会性、开放式中医高等教育的新模式。特别是建院初期，在艰难的情况下，施今墨先生邀请当时中医界名贤耆宿，齐心兴医办学，他为培养中医后继人才，对振兴祖国医学起到了承前启后的重要作用。为近代中医高等教育的发展做出重要的贡献，为中华人民共和国成立后的中医学院开办提供了极其宝贵的办学经验、教育经验和成功模式，部分内容如中西医课程比例（7∶3）至今一直被现代中医院校沿用。

姜泗长教授在施今墨先生诞辰100年纪念会上曾说过："五十年前，施先生就提倡中西医结合，在艰苦条件下，兴办教育，实在是难能可贵。"中国社会科学院近代研究所副所长黎树评价说："近百年中医没有断档，施先生兴办学院，教学育人，为全国造就了一大批中医高级人才，发挥了不可磨灭的作用！"

二、滋兰树蕙、桃李满园

家传、师承和院校教育是近现代中医人才培养的三条途径，华北国医学院自办学以来，既采取学院式办学，极大地扩大了中医人才的培养，又重视中国传统的"师带徒"的培养模式，每每收徒，都有庄重的拜师仪式。正是有多种教育的传承方式结合，推动了燕京医学学院派的发展[31]，培养了大批中医学子，后多成为新中国成立后的中医骨干人才，为中医教育事业以及燕京医学流派的发展与传承留下了宝贵遗产。而今施今墨先生桃李满天下，春晖遍四方。

（一）繁茂杏林　人才辈出

1. 施今墨第一代传人

施今墨先生基于其高尚的医德情操与兼爱情怀，丰富的学术观点、理论、经验，开放的教育思想，为施今墨学术流派（简称施派）构建了比较具体、突出的特色，为其门下众多门人弟子的继承、学习提供了良好的前提与条件。自华北国医学院创办以来，培养出的许多学生，后来都成为中医界的栋梁之材，为中医的存续发展做出了杰出贡献。中华人民共和国成立初期，全国不少中医学院和北京各大医院的中医科，几乎都有华北国医学院的毕业生，可谓是桃李满天下。

施门四大弟子

自左至右：翟济生、祝谌予、哈荔田、董德懋

学生有原天津市卫生局副局长、天津中医学院院长哈荔田，原北京中医学院教务长、北京协和医院中医科主任祝谌予，时任中央保健委员会中医专家、北京医院国宝级专家李辅仁，原《中医杂志》主编及名誉主编、中医研究院专家董德懋，原北京同仁医院中医科主任翟济生，原中国中医研究院医史文献专家马继兴研究员，原贵州中医学院院长、贵州省政协副主席袁家玑，原北京第四医院中医专家索延昌，原崇文区中医医院著名妇科中医专家李德衔，原北京铁路医院中医专家马玉琦、周燕麟，原河北中医学院杨医亚教授，原青岛医学院史道生教授，原北京同仁医院中医专家吴兆祥、翟济生；原国家药管理局第一批师带徒指导老师（北京地区）、阜外心血管病医院中医科主任李介鸣，原北京中医医院内科主任医师王大经、魏舒和，原北京积水潭医院针灸科主任胡荫培，原天津市儿童医院中医科主任、原天津市中医医院总顾问兼脑病内科主任何世英，原北京儿童医院中医科主任刘韵远等，[32]原北京市妇产医院主任医师赵松泉；还有很多弟子在中医学科领域都是临床大家，在此不再赘述。

第一代传人（参见折页）包括祝谌予、魏舒和、于朝之、马玉琦、王大经、王少峰、邓逸民、石洪廷、朱师墨、任继卿、刘松庵、刘贵权、刘韵远、孙和、孙道明、李介鸣、李绍和、李树仁、李贻荪、李辅仁、杨耕云、杨浩观、杨葆瑞、谷济生、谷振英、张平、张仁济、张遂初、赵沛霖、赵学志、胡荫培、顾膺陀、郭玉珍、郭楚芳、尉稼谦、彭伯良、裘缉融、翟所铁、薛润珊、范爱群、施继宗等学院时期的入室弟子和施稚墨、施如瑜、施小墨家传弟子，华北国医学院毕业生也为第一代传人（参见附录三）。

2. 施门走出的中医大家

施今墨先生创办的华北国医学院先后培养出祝谌予、哈荔田、董德懋、袁家玑、杨医亚、马继兴、李辅仁等一大批中医大师，施派是唯一一个在三批国医大师评选中都有人员入选的学派。第一批入选的是李辅仁先生，第二批入选的是吕景山先生，第三批入选的是吕仁和先生。著名的施今墨学术流派医家祝谌予教授一个人就带出了吕仁和、吕景山两位国医大师，在此列出部分中医大师的主要贡献。

（1）祝谌予（1914—1999），施今墨入室弟子和学术继承人，中医和中西医结合临床家、中医教育家，1992 年国家首批遴选为全国名老中医。曾任中国医学科学院协和医院中医科主任，北京中医学院名誉教授，中华全国中西医研究会副理事长，第七届全国政协委员，第七届北京市政协副主席，农工民主党北京市委员会主任委员。首创活血化瘀法治疗糖尿病和新生儿溶血性贫血中药方，祝谌予在施今墨学术传承上有卓越特殊贡献。[33]

他 19 岁随施今墨学医，是施门第一个没有任何学医经历、直接入室的磕头弟子，1933—1939 年，一直侍诊于施今墨左右，刻苦钻研，潜心治学，其间真实记录了施先生的临证脉案，并整理成册，于 1940 年出版《祝选施今墨医案》。1939 年前往日本金泽医科大学攻读西医，获学士学位。1943 年回国后到华北国医学院任教，并参与教学改革和管理。1956 年在卫生部（现卫健委）中医研究院西医学习中医班任专职教师。1957 年主持筹建北京中医学院（现北京中医药大学），任北京中医学院第一任教务长，并召集全国 4 所中医学院教务长，组织编写新中国第一版高等中医院校教材。其传承华北国医学院的办学思路和教学方法，持续主张“中西医结合”“早临床、多临床”“学院教育与师承教育相结合”等理念，并主张学院附属医院的临床老师能带两名学生，着重培养学生的临床能力，以此实现了本科设有导师制。1971—1975 年借调中国医学科学院，主持医学科学院西医学习中医班的教学工作，连续主办西医学习中医班 10 期，培养学员 500 余名。1986 年发起并支持其弟子薛钜夫创建了民办顺义中西医专家门诊部（现名北京杏园金方国医医院）。

（2）哈荔田（1912—1990），华北国医学院第一届学生。幼承庭训，家学渊源。曾任天津市政协副主席，天津中医学院（现天津中医药大学）第一任院长，为中医和中西医结合临床家、中医教育家，在中医妇科证治规律研究有突破性贡献。

（3）董德懋（1912—2002），华北国医学院第三届学生，中医临床家。其早年师事赵廷元先生，1937 年毕业于华北国医学院，在院长施今墨先生诊所襄理业务 5 年，尤得施氏真传，曾任华北国医学院副院长、总务长。[28]一生献身于中医学术传播和中医学术机构建设，先后创办《中国医药月刊》《中华医学杂志》《北京中医月刊》，并任社长、主编。曾任中国农工民主党北京市顾问委员会委员、中国中医药学会常务理事、中国针灸学会副会长、《中医杂志》主编及名誉主编、中国中医研究院专家委员会委员、中华医学会理事、《中华医学杂志》常务编委。曾任中国中医科学院广安门医院主任医师，为国家中医药管理局第一批师带徒指导老师（北京地区）。临床针药兼治，崇尚中土王道，用药平和，从脾胃治五脏病。[34]

（4）袁家玑（1913—1991），华北国医学院第一届学生，幼承庭训，家学渊源。1937 年后在贵阳行医，二十余岁即蜚声医林，成为当时贵阳四大名医之一。新中国成立后，历任贵阳市卫生局副局长，贵阳中医学院教授、院长，中华全国中医学会理事，贵州省第四至六届政协副主席。1981 年加入中国共产党。为第三届全国人大代表。他擅长治疗冠心病。著述颇丰，主编有《医林拔萃》《贵州民间药草》。

（5）杨医亚（1914—2002），华北国医学院第四届学生，中医教育家。1938 年毕业于北平华北国医学院。杨医亚自 1935—1937 年担任《文医半月刊》常务编辑，1937 年创《国医砥柱》月刊，任社长，后任北平华北国医学院教授、院长。中华人民共和国成立后，曾任华北国医学院院长，河北医学院科研处处长，河北中医学院中医基础理论教研室主任，历任中华全国中医学会河北分会副会长。长期从事中医教学和研究工作，对中医《伤寒论》《方剂学》研究较深。著有《综合治疗学》《新编伤寒论》《简明中医学》等，创办《医界春秋》，编写中医教材等著作五十余种。

（6）马继兴（1925—2019），华北国医学院第十一届学生，著名中医医史文献学家，中国中医科学院医史文献所研究员。在针灸学史、本草学史、古中医药文献辑佚和马王堆、敦煌等地出土医学文献、海外中医古文献回归等领域的研究，有卓越贡献，在海内外声名远播。曾获科技部、国家中医药管理局、国家新闻出版署和北京市政府等颁发的多种奖项。

（7）李辅仁（1919—），施今墨入室弟子，2009 获第一届" 国医大师" 称号。出身中医世家，1939 年拜名医施今墨为师，成为施派之嫡传弟子；1942 至 1944 年，代理施今墨诊所诊务；1954 年至今，于卫生部（现卫健委）北京医院中医科从事保健医疗和老年病中医防治工作，长期负责党和国家领导人的医疗保健，作为中央保健委员会保健专家小组中唯一的中医专家，多次获“中央保健杰出专家”称号。为卫生部（现卫健委）北京医院主任医师，为全国老中医药专家学术经验继承工作指导老师、“首都国医名师”。

（8）吕仁和（1934—），北京中医学院第一届学生，1962 年本科毕业，师从施今墨、秦伯未、祝谌予，2017 年获第三届“国医大师”称号。现为北京中医药大学东直门医院糖尿病肾病研究室主任、主任医师，博士生导师，北京中医药大学学术委员会委员，并享受国务院特殊津贴专家。为国家中医药管理局重点学科中医内分泌学科和重点专科中医肾病专科学术带头人，兼任中华中医药学会糖尿病分会名誉主任、内科肾病副主任委员、北京中医药学会糖尿病专业委员会顾问、北京中医药学会常务理事、卫生部（现卫健委）新药审评委员、《糖尿病之友》杂志编委、《糖尿病天地》杂志学术顾问等，首创的糖尿病及其并发症络脉“微型癥瘕”学说，治疗上重视化瘀通络散结法的应用。[35]

（9）吕景山（1934—），北京中医学院第一届学生，1962 年本科毕业，师从施今墨、祝谌予，2014 年获第二届“国医大师”称号。1962 年分配到山西省中医研究所任医师、主任医师，1986 年调入山西中医学院任教授，1991 年调入山西省针灸研究所任所长、主任医师，曾为第三批全国老中医药专家学术经验继承工作指导老师、山西省中医管理局高级顾问。

主要著作有《施今墨对药》（中、日、韩文）、《施今墨对药临床经验集》《施今墨医案解读》《吕景山对穴》（中、日、韩文）、《冠心病中医诊治与调理》和《糖尿病中医诊治与调理》等，发表论文 50 余篇。[36]

3. 施今墨家传后人

先生堪称家传中医的典范，施今墨有子女 8 人，施越华、施越秀、施稚墨、施如谷、施如蓁、施如莼、施如瑜、施如雪（即施小墨）。除了几位从事教师职业都是医生，外孙祝肇刚、外甥陆湘生也继承家传学医。2008 年大年初二，施小墨亦收其外甥女徐佳为徒，再次上演薪火相传的佳话。

施今墨先生去世后，其后裔和门人为完成他的未竟事业而孜孜不倦地努力着，其长子施稚墨、长媳熊琦、长女婿祝谌予、小女施如瑜、幼子施小墨均承其衣钵，成为杏林中人。[37]“人生当为社会上不可少之人，各业皆有，在选择专精了”，这是施今墨先生对施如瑜、施小墨的勉励。作为一代名医，施今墨对孩子只有一个要求：“做社会上不可少之人。”

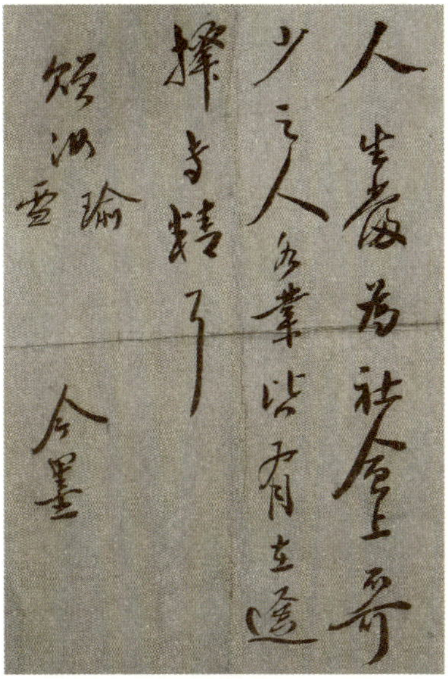

施今墨赠字勉励施如瑜、施小墨

施小墨（1945—），北京四大名医施今墨先生之子，幼承庭训，家学渊源，为发扬施门医学，将“如雪”改为“小墨”。其立志以医为业，治病救人，1970 年毕业于首都医科大学医疗系。他继承和发扬了施派学术思想，恪守医德、勇于创新，为弘扬祖国医学积极献方献药，是传承施派中医医学精髓的新一代名医，家传的中医医术让施小墨在当今社会中医圈里颇具影响力。曾任同仁堂施小墨中医诊所的所长，并任北京同仁堂制药厂顾问、张仲景国医大学名誉教授、施今墨医药研究中心副理事长、北京市中医药研究会理事、北京市振兴中医药基金会理事、北京颐和园听鹂馆宫廷药膳顾问、日本日中生药协会顾问、马来西亚中国医药健康研究中心顾问。

施小墨其临床中西医结合，西医辨病，中医辨证；组方灵活，用药广博，独具特色；擅长治疗内科、妇科、儿科各种疑难大症，尤对抗老养生，治疗糖尿病、心脑血管疾病、肿瘤、脾胃病、气管炎等疑难病症，有深入研究。

（二）弦歌不辍 繁茂杏林

施门一派代有传人，绵延不绝，绝非偶然。其传承导师开明，学术发展开放，研究成果开发，绝不拘泥成法，绝不陈陈相因，是其最重要的文化传统。众弟子们在继承施派的同时，博采众长，又不断发展施派。

施今墨先生一直忙于出诊、忙于教育，没有时间去整理自己的医案、理论、学术思想。祝谌予老师于 1933 年拜施今墨先生为师，侍诊于左右达 6 年之久，其间真实记录了施老的临证脉案，并整理成册，定名为《祝选施今墨医案》，于 1940 年出版发行。正是在《祝选施今墨医案》中，首次提出了“西医辨病、中医辨证”的理论，这是对施今墨行医风格的精典总结。在此之后，关于施今墨医学理论的许多著作也相继出版。无一例外的，都是由施门弟子所著。如祝谌予与施今墨子女于 1982 年编辑出版了《施今墨临床经验集》，吕景山编写了《施今墨医案解读》《施今墨对药》等书。

1.《祝选施今墨医案》

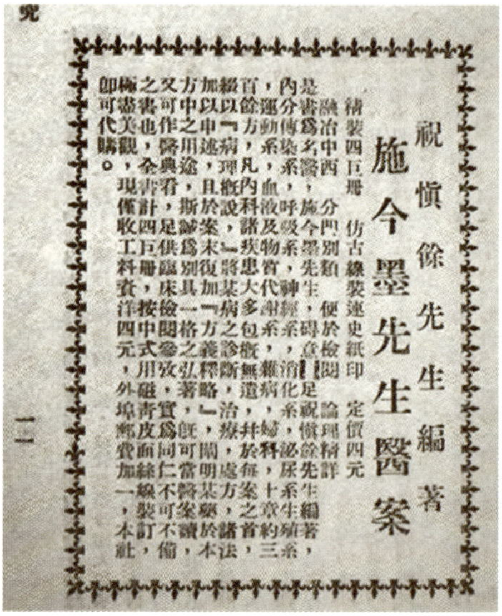

祝慎馀先生编著《祝选施今墨医案》

《祝选施今墨医案》初版印刷于 1940 年，由中医联合诊所发行，金华阴书局承印。由祝慎馀①编纂出版，四卷，线装本，自出版至今已 70 载。由于当年条件限制，印刷册数不多，流传至今的更少，也可算珍本了。本书采用中西结合的医案体例，是中医医案编写历史上的创举，在当时医界，可谓凤毛麟角。

本书由祝谌予编著，施今墨先生的门人张遂初、李介鸣、张宗毅三人参订，祝谌予早年随施今墨先生学习中医，后又按施今墨先生旨意，东渡日本学习西医，可以说是学贯中西，而三位参订者，后来也都是中医界的大家。祝谌予自然是对老师的学术思想体会最深，由他们选编的医案也应最有代表性。在《祝选施今墨医案》的凡例中：编构与普通医案稍异，可当医案读，亦可作临证医典看。曾有位名医，自学成才。曾初出道时在唐山行医，便花四块大洋，买了施今墨先生的一套医案，临证时遇有相同病例，便按医案诊治。有时每诊一次的病情变化，都与医案所述相同。往往医案几诊治愈，他也能几诊治好，所以称自己是施今墨先生的私淑弟子。可见这套医案的实用性颇强。

由此可见施今墨先生对各种疾病都有独到见解、特殊处方，于各种疾病有自己拟定的首选方、次选方、特殊方等。2010 年《祝选施今墨医案》由化学工业出版社再版，可使更多的人一睹施今墨先生最早出版的医案，对于传播和发扬施今墨先生的医术思想、研究施派学术也很有意义。[38]

2.《施今墨临床经验集》

施今墨先生生前曾经说过：“我今日老犹应诊是为当前服务，若再著书立说，

① 祝慎馀即为祝谌予。

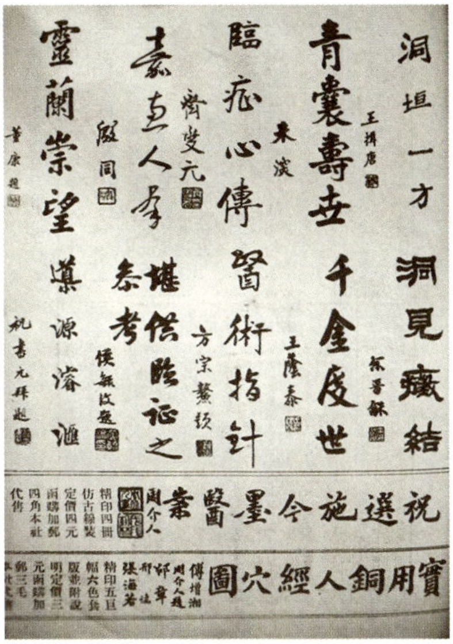

《祝选施今墨医案》初版宣传

便是为后世服务。”从1962年起，施今墨先生便组织撰写自己的临床医集，希望将自己宝贵的行医经验和医术留给后人。在施今墨先生指导下，祝谌予会同翟济生、施如瑜，开始整理施今墨临床经验。从施今墨临床诊治3万多例医案中，精选诊治思路独特、疗效卓著的病案300余例，1966年完成初稿，但因故中断，成为施老先生的终生遗憾。1969年，施今墨病重时，还一再叮嘱：“我虽今后不能再看病，而我的这些经验，对人民是有用的，一定要整理出来，让它继续为人民服务。”然而，数以万计的病历和珍贵的资料在“文革”期间惨遭焚毁。施小墨对父亲这一遗愿始终牢记在心，因为他深深知道，整理出版先父的著作对于造福广大患者是多么的重要。

施今墨先生去世后，周恩来总理对施今墨临床医案的整理出版十分关心，曾指示有关部门：“要大力支持。”为完成施老的遗愿，造福社会，施小墨便到各位师兄师姐家去借抄他们的行医笔记和偷偷珍藏下来的底稿，并在著名中医专家祝谌予、董德懋、翟济生、李介鸣等人的支持和帮助下，经过各种寻借残存初稿，抄录、核对，最后才复原成30万字、13章的初稿，五易其稿，1982年由祝谌予、翟济生、施如瑜、施小墨编写的《施今墨临床经验集》终于出版发行。[39]《施今墨临床经验集》的出版，将施今墨先生的毕生医学经验及药方撰写收录，实现了施今墨先生传承医学经验、“继续为人民服务”的遗愿。[2]

3.《施今墨药对临床经验集》

施今墨先生特别善于双药合用，验之于临床，发现确实药少而效著，积累后形成自己用药特点，他创制了许多对药的使用方法。其学生、长女婿祝谌予在随他学医时，发现先生处方中往往双药并书，经留心收集，整理出一百多对药，并请教于施今墨而写成。祝谌予在任北京中医学院教务长时，向学生介绍了“施今墨药对”，并整理成册。1961年学生吕景山毕业实习时，由祝谌予导师引见，侍诊于施今墨先生左右，聆听教悟，在施先生的指导下，又增辑百余对，经两位老师过目、审证，订名为《施今墨临床常用药物配伍经验集》，颇受广大学生、同行厚爱，屡经翻印、传抄，广为流传。遵照施先生的教导，边读书，边临证，理论结合实践，不断积累经验，于1978年开始撰写“施氏药对”，经祝谌予、李介鸣老师审阅、指正，1982 年出版了《施今墨药对临床经验集》，作为对施今墨的纪念。

该书问世以来，受到广大读者、专家、教授赞誉。从 1982 年的第一版《施今墨对药临床经验集》到第四版《施今墨对药》，共发行了包括日文版、韩文版、繁体字版在内的 7 个版本。中药方剂学家、山东中医药大学教授周凤梧曾评价说，这本书填补了自南北朝迄今 1400 多年以来对药配伍专辑空白，而且将对诱掖后学，指导临床起着重要的作用；对丰富祖国医学内容，是一个有意义的贡献。本书除主要记述施先生从医多年的丰富经验，同时也记载了施氏门人祝谌予老师的经验和弟子吕景山的体会，为我们传承和发展中医药事业留下了很好的参考书。

4. 《施今墨医案解读》

1960 年承蒙周恩来总理的重托，祝谌予老师整理施氏学术思想、临床经验。在施今墨先生的亲自指导下，祝谌予老师花费两年多心血，将 1949 年以后的脉案分类编纂，定名为《施今墨医案验方合编》，油印成册，分发给中西医界知名人士和部分弟子，征求意见。吕景山为了继承、弘扬师门医技之真谛，以《施今墨医案验方合编》为蓝本，精选部分医案加以解读，并于 2004 年正式出版《施今墨医案解读》。正如中医研究院（现中国中医科学院）广安门医院资深研究员谢海洲所说的那样，“本书解析微奥，启迪读者，剖析其所以然之理，将医疗经验上升为理论，使施氏之高超医术和学识思想彰显于世，指导后学”，“将施门不传之秘贡献于当代，流芳于后世”，为后辈医者留下一笔宝贵财富。

（三）继往开来　共奏华章

华北国医学院的成功办学为中医药传承做出了重大贡献，其意义不仅在于培养了众多中医名家，积累了丰富的中医传承史料，更在于建立了中医人才培养模式。在兼爱、开放、包容等核心价值观的影响下，施今墨先生的学术流派在继承中有发展，传播中有创新，不断发展壮大。放眼全世界，有数以千计的施今墨先生弟子、华北国医学院学生、再传弟子、私淑弟子等奋斗在中医药临床、科研、教育的一线，为中医药的传播和发展奉献着自己毕生的精力。施今墨先生哲嗣施小墨说：“我们作为这一脉的传人，是有责任、有义务去将父亲的学术思想传播出去，让其医术、医学理论得到更好的传承。”

1. 学术传承与发展

施今墨先生学术流派经过几代人的积累和传承，在中医药治疗消渴病（糖尿病）及其并发症方面逐渐形成了比较完整的理论体系。

施今墨先生用中医“三消”病机理论糖尿病分析辨证规律，施先生认为西医的糖尿病发病机制是胰腺无法正常分泌胰岛素所致，而中医学当中尚无与胰腺相对应的脏器，但是脾的运化功能与胰腺参与食物消化的作用相一致，“运化者，代谢也”，因此在治疗消渴病时重视从脾胃论治。祝谌予教授创造性地提出瘀血入络证，并用活血化瘀法治疗消渴病的思路，为中医药治疗消渴病及其并发症开辟了新的领域。吕仁和教授在求学期间曾受施今墨亲传，在祝谌予的“瘀血入络”启发下，提出著名的消渴病及其并发症络脉“微型癥瘕”病机学说，因此治疗上重视化瘀通络散结法的应用，采用中西医结合综合治疗方案，并开发出专病系列成药。施小墨先生常用三黄石膏汤治消渴病，兼用一些健脾的药物和辛散的药物，也是符合施今墨先生治疗消渴病的常用思路，体现着施小墨先生对前人学术思想的传承。赵进喜教授认为消渴病的中医核心病机为“内热伤阴耗气”，因此在临床中重视养阴益气的同时，强调清热治法的应用，提出了消渴病三阴三阳辨证治疗方法。

目前北京地区乃至全国的各大中医医院、综合性医院的中医科、大学或者科学院里研究内分泌的专家大多数都是吕仁和教授的学生。吕仁和用自己的实际行动证明了自己传承和传播着施今墨先生的学术思想和治学理念，正是继承了施今墨先生“开放”“包容”的治学理念，每一位施今墨先生学术流派医家都用自己毕生的精力去捍卫中医药事业的发展。[35]

2. 成立“金方两院”

祝谌予始终没有忘记老师施今墨先生“编书、办医院、开学校”三位一体传承发展中医的志愿。1986 年，在祝谌予的指导和全力支持下，薛钜夫开办顺义中西医专家门诊部，三年后更名为顺义国医医院，2006 年正式更名为北京杏园金方国医医院。

祝谌予帮助薛钜夫广邀施门传人和全国名家参与门诊部应诊、教学和研究，青年学子遂有机会向各位大师学习，而各位大师亦不吝赐教，一时京城名家云集，盛况空前。

在北京杏园金方国医医院建院伊始，祝谌予就提出要将施今墨先生复兴中医之“编书、办医院、开学校”三项主张融入医院未来的发展规划中——既要让中医医疗以服务老百姓，又要师承教育以培养临床医生。可以说，北京杏园金方国医医院是对华北国医学院中医医疗与教育教学的延续，并由此种下了金方书院的幼苗。

1996 年，祝谌予眼见书院的幼苗成长起来，欣然为书院赐名“金方书院”。祝谌予从医 70 年，他始终坚持继承、实践和发展施今墨先生复兴中医之志。他牢记施今墨“编书、办医院、开学校”三位一体的中医传承使命，为中医培养人才，为中医争取前途，创造未来。

金方书院自 1996 年成立以来，广邀北京名医来襄盛举，共谋中医药发展大业。祝谌予、刘渡舟、赵绍琴、施如瑜、施小墨、萧承悰等京城名师云集杏园金方国医医院与金方书院（以下简称“金方”两院），他们服务百姓，授业课徒，不仅为“金方”两院的专业发展带来了源头活水，也培养出了一批优秀的青年医生。在几十年的教学过程中，金方书院尝试多形式、多维度和多层次的教学传承，开办了金方弟子实验班、中医大学生临床课堂、中青年医师学术讲堂、经典读书会等课程，培养出一大批会看病、看好病的中医全科人才。

金方书院全真保存了14万例中医名家的诊疗实案，各位名家讲课、诊病的音频及视频5000余节，名师图片、墨迹、讲稿等数以万计，这些珍贵的资料成了金方书院传承华北国医学院衣钵的源头活水。在30多年的传承实践中，金方书院将院校教育、理论教学和临床教学完美结合，取得了很好的成效，初步建立起“金方学术传承模式”，它是施门第二代中医人倾心培育的丰硕成果，更是施门第三代中医人传承路上的最好实践。

2016年，薛钜夫院长与刘渡舟教授的学术继承人、北京中医药大学傅延龄教授联手，将金方书院的中医药传承教育事业进一步向前推进。刘渡舟是祝谌予的好友，亦曾深度参与杏园金方早期的医疗、教学与科研。傅延龄加入金方书院团队后，金方书院一个根基、两条主线的学术特点形成：一个根基是华北国医学院，两条主线是施今墨学术与刘渡舟学术，不过金方书院仍将坚持成为兼收博采、广纳众长的中医药园地。

薛钜夫不负师志，历30余年艰辛，坚持始终，将祝谌予的师门传承之心深深地植入由先师栽培的中医医疗与教育事业之中。他在继承华北国医学院教学理念的基础上，办好医院、编好医书、建好学校，一以贯之，砥砺前行。金方书院以杏园金方国医医院这一中医临床教学基地为依托，以纯正的中医师资、精纯的中医课程为特质，继续践行华北国医学院的传统教学方法，为复兴和发展中医药事业献力。

从华北国医学院到金方书院，施今墨、祝谌予、薛钜夫三代中医人“编书、办医院、开学校”三位一体的复兴中医之愿得以实现，华北国医学院中医传承教育的理念和方法在金方国医学院得以继承。回顾从华北国医学院到金方书院的传承发展历程，可以明确以下几点：第一，中医教育之根本目的是培养临床中医师；第二，中医要重视以德育人，以德化人；第三，以中为本，西为中用；第四，吾生也有涯，术业有专攻。金方书院将不忘初心，砥砺前行，续写华北国医学院新篇章。

施今墨先生创办的华北国医学院，被誉为培养中医大师的摇篮，其影响力绵延至今，又在新时代、新形势下以金方书院的形式再现其光芒。[33]

3. 成立学派学术研究基地

1988 年 5 月，以祝谌予、翟济生、李介鸣、施如瑜、施小墨等施门诸前辈发起成立了“施今墨医药学术研究中心”，在京施门诸师按病之系统分类讲座，定期进行义诊，将致力于开发施今墨先生的验方、秘方，弘扬施今墨先生的学术思想。[6]

1988 年，薛钜夫先生成立施今墨医药学术中心，亲任秘书长，搜集整理施今墨先生遗文、遗墨、医论、医话、医案、医方等工作，把施派中医药学经验系统整理成册。1998 年，薛钜夫先生创立“北京千金方糖尿病研究所”，旨在研究糖尿病的中医疗法，对祝谌予教授治疗糖尿病的验方系统研究开发，并将研究成果推向市场。2007 年，在北京中医药管理局领导及支持下，薛钜夫先生主持并建立“祝谌予名家研究室”，着手对祝谌予的相关文字、医案、实物、影像资料进行系统的挖掘整理。[33]

2018 年 10 月，以索延昌先生命名的北京延昌燕京国医学派文化研究会正式在北京成立，弘扬、传承燕京国医学派各流派的学术精髓，尤其是四大名医学院派丰富的临床经验和独创的学术思想，为首都中医药事业添砖加瓦。为进一步传承弘扬延昌燕京国医学派学术思想，2019 年文化研究会通过了在北京朝阳中西医结合医院、北京广外中医院、济民中医医院和深圳凯宁养生文化集团成立研究会临床基地。

4. 建立诊所

1993 年 10 月，施小墨成立了同仁堂施小墨中医诊所。施小墨传承了父亲博大精深的施派中医，在他的门诊部，许多患者从各地慕名而来，有的甚至夜里 3 点来这里排队挂号，为了不让患者白跑，施小墨总是能多加一个号，就多为一位患者诊治，经常自己连午饭都忘了吃。施派中医蜚声海外，日本、印度尼西亚、菲律宾等国的患者也邀请他前去会诊、讲学。诊所也接待了无数来自我国港、澳、台的同胞和来自美国、德国、意大利等国及东南亚国家热爱中国传统医学的朋友和留学生，使小小的诊所成为继承施派学术、弘扬传统医学的基地。施门弟子及著名中医专家祝谌予、董德懋、翟济生、李德衔、索延昌、刘韵远、李鼎铭、刘贵权等也在该诊所为广大患者治病，慕名前来就诊的患者很多，其中不少是新中国成立前后，经施今墨先生治好病的患者后代。1996 年 3 月，施小墨把自己多年总结的药方赠予广西壮族自治区政府，其所得无偿捐献给当地的少年儿童基金会。[20]

施派一传弟子和二传弟子中，索延昌和刘宝安不仅医术高明，并且门下桃李众多，在施今墨先生学术流派传承过程中，起到了中流砥柱的作用。

1992 年索延昌教授创办了全国规格最高的一家“大北窑专家门诊部”，可谓群英荟萃。当年参加老专家坐诊的有索延昌、李德衔、祝谌予、赵绍琴、关幼波、李鼎铭、陈彤云、贺普仁、董德懋、谢海洲、刘韵远、翟济生等老一辈名医，刘宝安作为弟子也参加坐诊，治病救人的同时又得众名家的指点，博采众长，技艺得到进一步升华。

2021 年 1 月 15 日，以著名中医学家索延昌先生命名的深圳索延昌中医门诊部开业，旨在传承中医事业，始终以传承中医文化、弘扬国医智慧为己任。[40]

第四篇 致力创新 中西汇通

我本是中医的革新者，不革新便无进步，无进步便不存在的定论者，具有改革中医方案的整套计划者。而社会上仅认为我是一个能治病的名医大夫，浅之乎视我矣，真使我啼笑不得，无法自白。平心思往，实亦我不学无术，自由浪漫，不善团结有以致之也，于人乎何尤。

——施今墨

一、创新中医、至死不渝

1840年鸦片战争以后，伴随着西方资本主义的先进生产力和经济的入侵，西方的文化和医学也逐步流入中国，在上千年中国封建统治闭塞沉闷的大湖里，立刻掀起了波澜。在中国医学界，一部分中医，既不懂西医，也不研究西方医学，他们打着发扬国粹的牌子，扮演着保守派的角色，而一部分西医则借机否定和打击中医，成为民族虚无主义的代表。这期间也有少数中医认识到西方医学的先进内涵，主张中西汇通。虽然他们有些是肤浅地把中医理论和西医理论互相对比，有些则在患者身上中西药合用，但毕竟开始出现了中西医结合的萌芽。

（一）以西医辨病中医辨证处方

施今墨先生出生于清末，青年时代接受革命新思想，追随黄兴，参加辛亥革命。正是这种向旧世界挑战的思想，使他从医以后，就坚定认为："学问之道本无止境，去短见长，学者本色。当此科学发达之秋，自应舍去吾国医学陈陈相因之玄说奥理，而走向科学化一途。近年来，西学东渐，西医亦同时输入我国，现通都大邑所设医院，几如雨后春笋，医师护士日渐增多，揆其医理疗法，颇多可取，而彼中明眼之士，亦多以我中医有可效法之处也。吾人研究学术，应将畛域之见除去。无论中医西医其理论正确治疗有效者，皆信任之。反之，摒弃不用可也。"①

施今墨先生希望医学界打破门户之见，拿疗效来检验医术。为了推动中西医学互鉴，在担任中央国医馆副馆长期间，与陆渊雷先生一起，积极倡导中医学术标准化和中西医病名统一。乃至1940年出版的《祝选施今墨医案》，其"编写方法以西医论病中医辨证处方"创前人未有之先例。施今墨担任上海复兴中医学校董事长，并为校刊题词，写道："学术无国界，而各有擅长，我国医学其一也，以科学方法整理之，愿与同志诸君，并力事此。"他为提倡、发展和弘扬中医事业如饥似渴的热忱，溢于言表，感人肺腑。

新中国成立后，施今墨先生的中西医结合理论更加成熟和完整，他在《重视祖国医学的理论研究工作》一文中论述："祖国医学诚然是几千年的经验积累，经验到达一定程度，就要提高到理论，再由理论返转回来用以指导实践，如此循

---

① 引自《文医半月刊》1937年。

环不断，推陈出新，因而历代都在不断进步和发展，使祖国医学获得了丰富的内容和宝贵的经验。假使祖国医学只有经验没有理论的话，我想祖国医学也不会存留到今天，而对数亿人民长期起着巨大的保健作用。”

施今墨先生用哲学思维来阐述中医的发展，理论来自实践，又在实践中升华理论。应用现代医学来阐明中医理论的科学性，吸取精华，弃其糟粕，从而赋予中医强大的生命力。

中西医理论体系截然不同，在中西医学发展的奠基时期，古代朴素唯物主义哲学对其都产生了深刻的影响。西医以四元素说发展而来的四体液病理学说为其理论工具，中医以阴阳五行学说为其哲学基础。由于中西方古代哲学本身的差异以及中西医对哲学采用的方式不同，使其在此后的发展道路上形成了两种截然不同的医学理论模式。西医重局部、重解剖、实验，在医学的微观领域发展迅速，独领风骚；中医重整体关系，在宏观医学领域形成了独特的、完整系统的理论体系。中西医理论模式各具千秋，应互相借鉴，取长补短，共同发展和完善。[41]举例来说，中医在实践中所理解的脏腑之间的关系，认为肺不是孤立的，它同脾、肾是相生的关系，同肝、心是相克的关系，它同大肠是有表里关系，又说肺主皮毛，肺开窍于鼻等等。一个肺与这么多脏腑都有关系，在现代医学中却未找到这种说法，《内经》说“肺主皮毛”，它的道理就是：金气坚硬，皮象亦然，肺脏属金，故合皮也。施今墨先生认为这种解释并没有把肺与皮毛的真正关系说清楚，然而在临床上我们确知肺与皮毛是有关系的。如何来解释它们之间的关系呢？只有用现代科学，通过实验才能说明，解释它们之间的关系究竟，当然就扩大了现代医学的生理和病理生理学的范围。由是，在诊断上就更加详细和正确，治疗方法就会增多，解决病痛就更迅速。

中医之所以能够存在至今，能够被广大人民群众所信任，因为它有疗效。疗效就是临床的实践，几千年以临床实践得来的疗效，假如说它没有理论做指导是不可想象的事。在悠久的中国医学史上，不知有多少将总结的疗效补充之理论，提高理论而推动疗效的反复向前发展的事例，现代科学的研究方法是具有先进性的。如果把中医的理论体系保持在三千年前的《内经》的水平上，显然不能满足时代的要求，因此把中医的理论体系奠基在现代科学的研究方法之上是当前的迫切任务。[9]

毋庸置疑，“看疗效”是施今墨先生医学的基本立场，但这并不意味着他不重视理论。相反，他一直认为中医的发展离不开理论根基，只是这种理论不能停留在玄而又玄的话语迷雾之中，而应加以科学的研究和梳理。因此，对于浩如烟海的古代医籍，必须“以科学方法阐明之，沟通之，整理之而辑述之”。

（二）反对否定中医 也反对复古保守

施今墨先生说："假如我们把《内经》作为最早的中医理论名著，那么中医的理论体系一开始就走上了正确的道路。它是整体看问题，联系看问题，发展看问题。所谓阴阳、五行、四诊、八纲、七情、六气，都是实践中做出的总结，只要用心体会，放之患者而皆准。很多地方似乎暗合巴甫洛夫学说，还有不少地方连巴甫洛夫学说也不能解释，又似乎有更独到的见解。凡此若不通过现代科学的细致研究，就难以有说服的力量。目前情况，且不说西医对中医颇多存疑之处，即中医内部对于中医理论的领会亦有矛盾。这样无休止的辩驳，永远也统一不起来。而且学术上的是非，也不是协商方法所能够解决的。只有通过科学研究，使真理放在可靠的基础上，才有较高的说服力。目前有些西医同道们仍有存在一种'对号入座'的思想，他们把中医学说与西医学说去'对号'，凡是符合西医的就认为是科学，凡是不符合的就认为是不科学的，这种见解就是把西医绝对化了。须知人类对于医学科学的水平，还需要不断地提高。尤其是在原子放射线应用到医学上之后，医学更有广阔的前景。安知今天科学不能解释的东西，到明天变成为可以解释的了。而况像整体论的中医理论，在临床上证明是很有道理的。严格说，这种对号入座的思想却是不科学。为了解决这一系列的问题，只有把中医理论的研究工作切实做起来，才不至于落空。"

从以上引述施今墨先生的论述，可以看出，新中国成立后，施今墨先生接触到辩证唯物主义理论后，他的创新思想有了进一步的飞跃。他既反对否认中医，轻视中医的民族虚无主义，也反对厚古薄今的复古保守思想。

为推动中医改革，他在担任中央国医馆副馆长期间，曾多次提出《整理中医书籍案》《改革中药剂型案》《设立中医学校及中医院案》等。新中国成立后，他也多次在各种场合提出组织"中国医学学典编纂处"着重编辑《中国历代名医传》《中国医学年鉴》《中医验方汇编》和《中医统一标准用书》。在《科学院设立中医学理研究所的意见书》中，他提出：①编辑中医书籍总目；②做好中医名著的提要、校勘、注释、标点等工作；③编辑中医史料；④编辑中医论文的索引（包括外文）；⑤编撰中国医学史年表；⑥编纂中医术语辞典；⑦编绘有关中医理论研究的图谱；⑧搜集有关中医的情报。这些工作，过去专家们往往不想做而又需要，由此可知资料整理必须科学化，才能对于理论研究工作提供有利的条件。

"我本是中医的革新者，不革新便无进步，无进步便不存在的论定者，具有改革中医方案的整套计划者"，施今墨先生对于自己的评价确实恰如其分。施今墨先生改革中医的思想至死不渝，他在病危期间，还口述几千字的改革中医建议，呈送给毛泽东主席、周恩来总理，并预立遗嘱将遗体解剖，供作医学研究。直至今天，施今墨先生当年提出的观点和建议，很多都得以实现，对中医事业的发展起到积极的促进作用，实践也证明了施先生有关创新中医、发展中医理论的科学性和远见卓识。

二、发展中医、中西汇通

受西方医学的影响，在19世纪末、20世纪初，中国出现了主张中医科学化的医家，他们均主张中西医学融会贯通，成为中医近代史上著名的中西医汇通医家。施今墨先生就是其中之一，他的中西医汇通思想对后人有着极其深远的影响。

（一）用科学的态度对待中西医汇通

施今墨先生认为，中医学是不断发展的，不能“各承家技，始终顺旧”，要在贯通前人理论的基础上勇于突破，才能推陈出新。施今墨早在20世纪30年代就倡导中医、西医要互相学习，融会贯通，“吾以为中医之改进方法，舍借用西学之生理、病理，以互相佐证，实无别途”。他认为，中医要改革不能故步自封，而中西医汇通就是促进中国医学向前发展的一个很好方式。① 从医之后，他广泛阅览了西医的诊断学、生理解剖学、药物学等等。他和在北京的外国医生交朋友，参观他们的医疗设施和解剖，和他们共同研讨中西医之长短利弊。对一些对中医持有偏见的外国医生，他便耐心地讲述中医、中药的有关知识。[12]

施今墨先生认为，疗效是检验医学理论是否正确的标准，学术无国界、无中西之分。既然中医、西医都能治好病，就都存在着科学性，也就同样都应重视。1937年他在为《文医半月刊》所写的序言中明确指出：“无论中医、西医，其理论正确治疗有效者，皆信任之。反之，摒弃不用可也。”他认为中医和西医都是治疗疾病的一门科学，两者具有结合的基础，所以他一生孜孜不倦地探索中西医汇通的新道路，毫不动摇。实践证明，施今墨先生的中西医汇通思想即现代的中西医结合思想，代表了20世纪中医药发展的主流，也为中医药事业的发展做出了巨大的贡献。

（二）中西医汇通发展中医理论

施今墨先生认为中医学是在观察总结宏观变化的基础上发展起来的一门科学，由于受历史条件限制，中医只能依靠直觉的感官，运用望、闻、问、切的方法进行诊断。而在近代，自然科学技术得到了迅猛的发展，中医应借助先进的科学技术，对中医进行改革。正如他1964年在诗中写到的那样：“光电声波同位素，也应采取入医经。”表达出其欲借助现代科学技术发展中医的意愿。

施今墨先生还强调要用科学方法阐明中医理论，他说：“中国医学，古奥玄深，寿世保民，已具有数千年悠久之历史，诊断治疗之法则，善用之，知者，往

---

① 见《华北国医学院第三届毕业纪念刊》序言。

往得心应手，获效如神，绳之以今日实验医学，则知其意义亦复近似……宜亟以科学方法阐明之，讲通之，整理而辑述之。若者可用，用之；若者宜弃，弃之。是非得失，详慎审定，庶几医学日进。”以用现代自然科学阐明中医理论，是对中医理论的提高，而不是消灭中医。

施今墨先生在自己丰富中医临床经验的基础上，不断探讨借助西医理论来研究中医理论，他对高血压病的认识就是一例。

施今墨先生用中医和西医的理论相结合，对高血压病的病因、病机、临床症状、治则治法及预后等进行了详细论述，他认为，高血压病在古医籍文献中无记载，但在中风门中论述的症状与高血压病多有吻合，并将其分为实性高血压病及虚性高血压病两种，“实性高血压病，多与六淫之邪，及饮食过饱，或素嗜厚味有关。虚性高血压病，多由内伤七情，又藉外因及生活条件、环境影响而症状显著。”

施今墨先生还大量使用西医术语来解释中医医理，如在讲述中医的治法时，用西医词汇“消炎”“消蛋白”等，并善于吸收新事物、新成果，如在《祝选施今墨医案》（卷四）胃溃疡的方义中论述：“酒炒生熟地可治胃溃疡为近世之新发现，其功用为止血止呕促患处结瘢”“紫河车、蚕茧炭所含纤维素极多，功能使溃疡处愈著，亦为新近所发现”。在《祝选施今墨医案》（卷五）慢性肾脏炎的治疗中认为：“山药除蛋白质，黄芪专治蛋白，故重用之”。

在临证制定治法时，施今墨先生也常用西医理论来指导，如《祝选施今墨医案》（卷六）中：“血液及物质代谢系中糖尿病的治疗为西医治疗本病，注射因苏林较有效，中医则对症疗法而已，每每苦于不能根治。晚近盛倡脏器疗法，时贤遂以动物之脺脏，合诸药内，竟能治愈多人，而考‘因苏林’亦为脺脏制剂，由此可证中西医界，治法一同，并非相异也。”在这种思想的指导下，施今墨先生在治疗糖尿病的处方用药中也常使用猪、鸡、鸭的胰脏做药引子使用。其高血压病的治法，也多用西医理论做指导，认为治疗高血压病“本诸一‘通’字。因此病各症之产生，多由‘血管细，血液集，血瘀潴，血凝泣’。头部血管充盈，他部血不流畅，上实下虚，盈亏失调，因之致病。如引血下行，使盈者平、亏者和，血量协调，血压自降，此即‘上病取其下’之法。消除壅阻，非‘通’不可。但通之不宜用动药，宜用静通之法。所以忌用动药者，以血压过分上升即是动，故不可再用动药。静以制动，故以静通以胜之，去有余，补不足，即是通”。

以上观点，现在看来也有不尽正确之处，而且事实证明用西医术语解释中医理论也不尽合理。在此将施今墨的这些观点罗列出来，只是想证明施今墨先生在中医革新之路上所做过的积极探索。

（三）中西医汇通思想在临床中的应用

1. 率先将西医病名引入中医学

施今墨先生认为中医病名较为繁杂，不利于中医的标准化和规范化。中西医结合的重要问题之一即要统一中西医病名，中医成药亦应逐渐沿用西医病名。这需要探索，更需要与习惯势力、保守思想进行斗争。因此，早在他任中央国医馆副馆长之时，就有关于统一中医病名的提案。他率先打破传统，在他主办的《文医半月刊》上，曾多次刊载“中西病名对照表”，他将自己开方制作的成药也改为西医病名，把西医病名引入祖国医学领域，这在当时是一个创举。

1940年出版的《祝选施今墨医案》一书，就是按照当时西医对疾病的分类和命名进行编辑，由此也开创中医医案创新之先河。如凡例中所说：本书按西医规律化之分门别类以便检查。全书共分为传染系、呼吸系、神经系、消化系、泌尿系、生殖系、血液及物质代谢系、运动系、杂病、妇科等十章，每一章中的病名均以当时的西医疾病名命名，例如呼吸系中有“急性气管炎、毛细气管枝炎、慢性气管枝炎、气管枝喘息、气管枝扩张、腐败性气管枝炎、急性肺炎、肋膜炎、肺脓疡、颚窦发炎、花粉病、鼻衄”等。

1954年施今墨先生大力提倡编辑中西医通用书籍和编辑一种广泛的标准的中西医药大辞典。[8]晚年施今墨先生更主张以西医学对疾病的分类学为纲，统一中西医病名。

2. 用中西医结合方法诊断疾病

施今墨先生认为对疾病诊断越明确，治疗才越有把握。他不但精通中医之四诊，还推崇应用现代科学仪器明确诊断。早在20世纪20年代，他在诊所中就使用了听诊器、体温表、血压计，30年代起便在诊所增设了小型化验室，这在当时的中医界真可谓凤毛麟角。病情复杂的患者则劝其到西医医院做进一步检查，他认为应用现代科学仪器明确诊断，更能提高中医治疗水平。例如他治疗消渴患者时，就要考查是否是糖尿病，如果是糖尿病，也要患者化验血糖和尿糖的指标。治疗水肿时，就参考西医治疗急性肾炎的办法，认为中医退热、消水肿并非难事，但只消除这些症状不能认为是痊愈，如不用仪器检查就不能知道尿蛋白及尿中血细胞是否消失。中药不但能退热、消水肿，还能消除尿蛋白，这就是提高了中医水平。

施今墨先生还尝试用西医诊断方法进行鉴别诊断，如《祝选施今墨医案》（卷四）在治疗食道狭窄中云：“咽下困难，食后即吐，普通名之曰噎膈，食道癌也，服药极难治愈，而有以药物治愈者，乃食道狭窄症，如食道癌，以X光诊断之，最为准确。”

3. 用中西医理论结合分析病因病机

施今墨先生率先用中西医理论分析疾病的病因病机，在《祝选施今墨医案》中，施今墨先生都运用中西医理论对每种病进行分析。如《祝选施今墨医案》（卷一）传染系中的伤寒：西医病因为“病原体为伤寒菌”，病机为“肠管变化，分有四期”；《祝选施今墨医案》（卷六）血液及物质代谢系中的糖尿病：“糖尿病之起于膵脏机能发生障碍，不能分泌‘分解糖分之特殊酸酵素’，因之血中糖量增加，由于糖质之过剩，所排泻之尿中遂亦含有糖质，故曰糖尿病。排泄糖质，需多量水溶解之，故尿多善渴，又因为不能利用糖类原料，人的蛋白质和脂肪消耗过甚，遂多摄食以为补偿，故患者善饥，由于得不偿失，虽多食而仍消瘦，故凡糖尿病之患者，必有喜饮、多尿、善饥、消瘦诸症状也。”如上所述，他对高血压病的论述也是运用中西医理论分析病因病机的一个典型例子。

4. 用中西医汇通理论辨证施治

施今墨先生认为，运用中医学理论以西医学疾病分类学为纲，总结西医学各种疾病的证候规律和特点，是临床中西医汇通的一条值得探索的途径。这种方法，既可保持和发扬中医特色，又可促进中医的规范化和中西医汇通。沿此方向不断努力，逐步总结出西医学中每一种疾病的证候规律特点，中西医之间的共同语言就会越来越多，编辑中西医通用的标准用书的目标才能实现。

施今墨先生临证常参考西医的诊断，根据西医诊断疾病临床最常见的症状和体征，运用中医的理论和方法，归纳出主证和主方，在辨病（西医学疾病）的基础上，再针对每位患者的具体情况辨证施治，其主要有三个步骤：①以病分证：以西医学疾病分类学为纲，根据各种疾病的临床表现，运用中医理论，总结出疾病的主证，作为西医学某种病的证候提纲；②循病求方：在以病分证的基础上，根据这种病的主证，拟定出治疗的主方；③病证结合：临床上遇到患有这种疾病的患者，要结合每位患者的具体情况进行辨证，对主方进行补充或修正，做到病证结合。

在临床上他常把西医的诊断和病理融合到中医的辨证施治中。例如西医诊断为某种肿瘤时，而中医辨证为气虚血瘀，则在补气活血中加以软坚消肿诸药，并根据西医检查出的肿瘤部位和中药归经的特点，来筛选药物，组织处方，颇见实效。

施今墨先生运用这种辨病与辨证相结合的方法，不断探索西医学中各种疾病的中医治疗规律。经过长期的临床实践，他对于西医学中的一些常见病，如高血压、支气管炎、糖尿病、肾结石、胃溃疡、肝硬化等，在找出主方的基础上，进一步总结发展为治疗这些疾病的验方，并将其中有卓效者制为成药，而且此成药直接采其所治疗的病名命名，如气管炎咳嗽痰喘丸、高血压速降丸、神经衰弱丸、皮肤病血毒丸、强心丸、感冒丹等。施今墨先生首开了以西医病名命名中成药的先河，现在许多中成药的命名都采用这种方法。

施今墨先生在治疗疾病时，以中药为主，必要时也劝患者用西药，如静脉输液、肌肉注射西药等。他绝无门户之见，主张只要对患者有利，中医、西医都可使用。

5. 用现代制药技术改革中药剂型

施今墨先生认为中药剂型改革也是中医革新的重要内容。为了探讨中药剂型改良，他身体力行，于1924年兴办合剂药房，进行中药提炼改良的试验，试制合剂、浸膏、酊剂、片剂、蒸露、药粉等中药新剂型，虽因设备不全等原因未能完全成功，但其创新精神令人敬佩，且浸膏、酊剂后来终于行销于世。

施今墨先生非常热心中医的现代化，注意探索中药的剂型改革工作。20世纪初期，西医一般都采用配方，很少用成药；即开好处方后，由药剂师把各种药水按医生开的方子一一配好，装入瓶内，叫患者拿走，按瓶上的横格，定量服用。每次服用不过一二小格，量少易服，也比较方便。施今墨先生也仿此法，将各种中药分别水煎，然后根据病情需要，将几种不同的药汁配在一起。……他想了就干，开了一个新的中药房，全是各种药水，按方配药。可是，不久被迫停业了；原因是煎成的各种药汁，未经浓缩，最后配在一起，量过大，反而不便服用。但施今墨先生并不灰心，找北平大学医学院从事药理教学的孟昭威教授商量如何改进。孟昭威教授当时认为应从根本下手，即先搞基础研究，逐步提高，不要急于求成。这个看法现在看来也并不完善，可施今墨先生却非常重视，立即把他创办的北平中医学社交给孟昭威教授负责，1942年任孟昭威教授为北平中医学社社长，由此可见，施今墨先生对于中医走现代化的道路，其决心是很大。

施今墨先生认为吸取现代医学某些成就，这会大大有益于中医的临床实践。施今墨先生一家都从医，长女施越华曾在日本留学，研究药物学；次女施越秀的大学毕业论文研究的就是中药药理。施今墨拿出犀角、羚羊角、藏红花叫施越秀跟着孟昭威做药理实验，家中养起兔子、老鼠，从早到晚，实验一做即是一大，一位老中医如此向往着新知，如此热爱着医学事业，令人敬佩。[42]

1947年施今墨先生和西医孟昭威教授发起创办了中国医药学会。[43]他向孟昭威教授请教，借鉴西药剂型，改进中药剂型，虽然未获成功，却表现出了施今墨先生对中医现代化的追求。在以后多年的医学实践中，施今墨先生创制了多种中成药物，并多以现代医学病名命名，如气管炎咳嗽痰喘丸、高血压速降丸、感冒丹、强心丹等，这些制剂，使用方便，行之有效，这的确是一项巨大的革新、一个大胆的创举。

施今墨先生早在20世纪20年代就提出了“中医科学化、中药工业化”的口号，主张借鉴现代科学技术，使中医药现代化，这在当时遭到了许多业内外人士的非议。在今天看来，施今墨先生在当时的年代提出这样的口号，是具有相当远见卓识的。

施今墨先生还非常重视中药的临床试验，他研制的防衰老的方药都是经过临床实验完成。他先根据中医药理论组成一个方剂，然后让一些老年人服用，吃完后让大家谈感觉，在长达一年的时间里，观察他们服药后的身体状况改变，最终研制出养生防衰老的方子——益肾强身丸、防衰益寿丸。他听人讲五味子可以治肝炎，就在临床中试用，发现五味子确有降低转氨酶之效。施今墨的实验研究方法，在现在看来也很科学，而中药新剂型的研制更是当今中医药研究的热门，可见施今墨的中西医汇通思想是超前的，也是科学的。

6. 创办医院

为了加强中西医交流，施今墨先生曾设立中西公医社，创办中医院。1920年曾在北京和平门内西养马营创设中西医院，引用现代诊疗仪器，进行中医辨证。1922年在马蜂场创设中医疗养院，有病床20余张开我国中医设置病房之先河，按照西医院的方式，内有中医、西医、护士等专业人员，设备也较齐全，至此，施今墨先生的中西医结合的理想，方才有了一个实践的场所。

（四）中西医汇通融入中医教学

施今墨先生主张中西医汇通必须从培养人才入手，在设置华北国医学院的课程时，注重中西医课程配置。如除了设置中医古籍《黄帝内经》《难经》《伤寒论》《金匮要略》《温病条辨》等为学习课程外，还设置解剖学、组织学、生理学、病理学等西医基础课程，中西医授课比例大约是7∶3。施今墨先生将中西医汇通的思想融入中医教学，培养出大批中西医汇通的中医人才，为新中国成立后高等中医院校的发展做出了巨大贡献。

综上所述，施今墨先生是中西医汇通的先行者，他一生都在探索如何用现代科技手段和西医学的方法来研究中医、发展中医，并取得了很好的成绩。正如他在总结自己一生时写道的：“我本是中医的革新者，不革新便无进步、无进步便不存在的论定者。”表达了他对中医革新不可动摇的决心。

第五篇 术精岐黄 弘扬国粹

临床如临阵，用药如用兵，必须明辨证候，详慎组方，灵活用药。不知医理，即难辨证；辨证不明，无从立法；遂致堆砌药味，杂乱无章。

全面精察，苦心探索，灵活运用，谨密掌握，选方唯病，选药唯方，不可执一方以论病，不可执一药以论方，不可循一家之好而有失，不可肆一派之专而致误。

——施今墨

施今墨先生毕生致力于临床实践，对中医学理论造诣很深，对经典医籍以及金、元、明、清各名家学术均有所钻研，尤其擅长《伤寒论》《金匮要略》诸方在临证上的灵活运用。其临证辨证精湛，立法严谨，组方巧妙，用药灵活，切中病机，往往效若桴鼓。他深知传统中医以门户传承为主，难免视野狭窄，思维刻板。他主张临床治疗应“全面精察，苦心探索，灵活运用，谨密掌握，选方唯病，选药唯方，不可执一方以论病，不可执一药以论方，不可循一家之好而有失，不可肆一派之专而致误”，一切以治疗患者为主，融会各家之长，结合自己的丰富经验，临证灵活运用，提出己见，创立新说，提高临床疗效。

一、重视气血辨证、创立十纲辨证

辨证论治是中医学的精髓所在，施今墨先生临证十分重视气血辨证，“气主煦之，血主濡之”，脏腑的功能均赖气血的调达，百病均可影响到气血，气血不调又可生百病，故《内经》有“百病生于气”之说，同时受孙一奎和张璐重视阴阳气血调和思想的影响，他提出了“以阴阳为总纲，表里、虚实、寒热、气血为八纲”的十纲辨证，正如他所说：“辨证施治为中医特点之一，八纲辨证为其主要者，历代医家均有发展，以余之体会，气血在辨证中亦属重要。”气血辨证的提出是施今墨先生在临床实践中对祖国医学基本理论之八纲辨证的新发展。

百病之生，多发于气血。施今墨先生辨气血，对外感病分清气血层次。认为这与卫气营血辨证同中有异，不局限于温病，强调临证遣药，邪在气分时，不宜早用血分药，以免引邪入血或动血伤络；如邪在血分，而仍用气分药，则易耗血伤津；若气血同病，则应分清主次及比重，选用方药。在治疗杂病时，更应重视气血的辨证。

治疗痹证，亦极重视气血。“人之感三气而为痹者，以其形虚血虚耳，但有在肌皮、血脉深浅之异”，况且久病伤络，正虚邪实，若只知搜邪，则精血益耗，而鲜治效，必须益气养血，扶正胜邪。

施今墨先生曾治疗一位 28 岁的男性患者，一年多来遍身痛楚，气候变化，痛更加重。历经多地治疗，诊为风湿性关节炎，然而治疗不效，且体力日渐不支。乃是病邪日深，耗伤气血，六脉沉软无力，正虚邪盛，当搜风逐寒，益气和血治之，更以久病入络，当予虫蚁搜剔。方以川附片 15 克，乌梢蛇 30 克，全蝎 5 克，桂枝 9 克，地龙 9 克，细辛 3 克，石楠藤 12 克，以祛风散邪；更用杭芍 9 克，川芎 5 克，当归 12 克，生熟地各 9 克，西红花 3 克，元胡 6 克，炙草节 9 克，以养血和络，治风治血。患者初服二剂无效，继服二剂，周身如虫蚁蠕动，疼痛有所减轻。又服四剂，自觉全身较舒，但仍易疲劳乏力，乃加黄芪、党参益气之品，去红花、元胡；疼痛更轻，精神转旺，再服十剂而瘥。此方协调气血，通营达卫，而建殊效。

治妇人病尤须明辨气血之理，妇人以血为本，所以调经重在治血。月事不以时下，则重在养血，以益母草、当归、泽兰、月季花等，血气充盈，则经脉自调，但亦有治气而病已者。

施今墨先生曾治一女子，闭经日久，前医备用通、破、攻、补血诸法无效，治血不应，施先生乃改用行气疏肝之柴胡、乌药、苏梗、桔梗、枳壳、木香、陈皮、香附、川朴之属，应手而愈。妇人闭经之因甚多，不可妄用破血祛瘀之剂，情志郁结，气滞血涩，宜善调其气机，而经脉以行。

临床上他将十纲辨证广泛运用到各种疾病的辨证论治中，主要有以下几个方面：

（1）呼吸系统疾病：认为气管疾病，大多由外感引起，有表证，病在气分，若早用血分药物，常致发动阴血，遂有衄血、咳血之症。若病邪入里，已在血分，而仍用气分药物常致耗血伤津，因此辨气血在临床辨证方法中占重要一席。

（2）消化系统疾病：认为胃肠病之类型虽多，亦不外乎八纲辨证。临床所见，脾胃虚证、寒证较多，实证、热证较少；但初病者易见实热，久病者常见虚寒。素患胃肠病者，喜温畏凉，常以温暖之物，熨敷中脘，则感舒适，即其证明。

（3）风湿性疾病：认为其致病之因，不外风寒湿三邪，趁人体正气虚时而入侵；临床中大体可分为两类，即痛痹（疼痛之甚者且无定处）与着痹（自感沉重而痛麻有定所）。以辨证分之，主张以阴阳为总纲，表里、虚实、寒热、气血为八纲。若以表里关系来论，大多风寒从表来，湿热自内生；初病多邪实，久病则正虚；初病在气分，日久入血分。故将痹证分为风湿热（痛痹、着痹均有），风寒湿（痛痹、着痹均有），气血实（痛痹多，着痹少，实是指邪实而言），气血虚（着痹多，痛痹少，应是指正气而言）四种证候。

（4）失眠：虽病因不同，如以中医辨证分析，亦不外阴阳、寒热、虚实，且与脏腑关系颇为密切，尤以与脑之关系更应重视……至于治法，调阴阳，理气血，治脏腑，和营卫，方法众多，要辨证论治，不用安眠类药物，且可取得长期稳定的疗效，治病求本体现了中医药学特点。

（5）外感性疾病：认为前人论证精确详细，六经辨证、卫气营血辨证、三焦辨证各有其长，所创诸方亦均显效，恕不多述。在临床中对于外感病，首重辨别气血、虚实和表里。①辨气血，即分清层次。邪在卫气，治之较易；邪入营血，病情严重。温邪在卫分的时间很短，极易伤及气分，但只要病邪尚在气分，就应坚守气分这道防线，不使病邪再继续深入。叶天士提出“在卫汗之可也，到气才可清气，入营犹可透热转气……入血，就恐耗血动血，直须凉血散血”的原则，临床中实属重要。邪尚留气分中时，一定注意不要用血分药，以免将邪引入营血。②论虚实，即考虑邪正关系。虚实不分，邪正不明，时常会发生误治，如正气素亏外感风寒者，应扶正祛邪，若只投发散之剂，往往使表不固正愈虚而生他变。③审表里，即详查表里比重。外感热性病多属内有蓄热，外感风寒，治疗时应既解表寒又清里热，用药时表里比重必须恰当。余治此类病有七解三清（即解表药味和清里药味之比例为七比三，余此类推）。六解四清、五解五清、四解六清、三解七清之说，在临床中亦示明表里比重关系至切，较为实用。

（6）月经过多、崩漏：认为若经水过多，或崩或漏，必须详辨气血、寒热、虚实。心主血，肝藏血，脾统血，前世医家治血证皆本诸于此。然崩漏之病虽是血证，亦必须治气；虽多属虚证，亦不宜补、止太过；虽多为热证，亦不可用药过寒。辨证不能拘于一偏，用药尤须有技巧。

二、崇尚脾胃学说、重视后天之本

施今墨先生遵从《内经》有关脾胃的论述，并崇尚李东垣的脾胃学说，认为脾胃为后天之本，五脏六腑皆禀气于胃，因而在临证时非常重视后天之本，在许多疾病的治疗过程中都非常重视调理脾胃功能。

施今墨先生认为“中医之论脾，包含胃肠之机能”，《素问·灵兰秘典论》曰：“脾胃者，仓廪之官，五味出焉。大肠者，传导之官，变化出焉。”《素问·经脉别论》曰：“饮入于胃，游溢精气，上输于脾。脾气散精，上归于肺，通调水道，下输膀胱。水精四布，五经并行。”巢元方《诸病源候论·脾胃病候》云：“脾者脏也，胃者腑也，脾胃二气相为表里，胃受谷而脾磨之，二气平调，则谷化而能食。若虚实不等，水谷不消，故令腹内虚胀或泄，不能饮食。所以谓之脾胃气不和不能食也。”李东垣《脾胃论》云：“饮食不节则胃病，胃病则气短，精神少而生大热，有时而显火上行独燎其面。”可见历代医家所著文献，凡治疗胃肠病，每多兼及于脾。

施今墨先生根据“太阴湿土，得阳始运，阳明燥土，得阴自安”“脾宜升则健，胃宜降则和”的脾胃生理特点，归纳出治疗脾胃病十法——温、清、补、消、通、泻、涩、降、和、生。

（1）寒宜温：胃肠病喜温而恶寒。此类药物多为辛温之品以辛开温散，良附丸、姜附汤、理中汤类，均属习用。另外，荜茇、吴茱萸、刀豆子、附子、肉桂、蜀椒、荜澄茄、草豆蔻等药均适于温散寒凝，然温燥之剂，不可久用，当虑伤阴。

（2）热宜清：胃中实热，必以寒折，三黄石膏汤、龙胆泻肝汤可用，栀子、知母、黄连、龙胆草、竹茹均为常用药，然需防寒凉伤胃。

（3）虚宜补：脾胃之疾，伤阳者多。健补脾胃，常用四君子汤化裁诸方，药物如党参、黄芪、山药、莲肉、芡实、薏苡仁、扁豆等。苍术、白术燥湿，柴胡、升麻以升下陷之清阳，师东垣之法，切不可大剂蛮补，以致气涩不畅。

（4）食宜消：食积不消，必以消导。保和丸为常用之方，药味如枳实、枳壳、槟榔、神曲、采云曲、霞天曲、沉香曲、鸡内金、厚朴、陈皮、山楂、谷麦芽等。槟榔、莱菔子、枳实、厚朴用之宜慎，可用厚朴花、玫瑰花、佩兰、木香、沉香曲、芳香之气，消导之品，则食积易消，更能醒脾开胃。

（5）痛宜通：“通则不痛”。有通气通血之别。气分药如木香、檀香、藿香、沉香、乌药、青皮、陈皮、厚朴、砂仁、豆蔻等，中宫气滞首以香附、乌药、半夏、厚朴、檀香通和胃气，更宜沉香、乌药、青皮、川楝疏泄肝郁，盖肝病多犯脾胃，理气必治肝也，方如正气天香散、消导宽中汤、沉香升降散等。血分药如延胡索、丹参、五灵脂、乳香、没药、血竭、桃仁、红花、三七、蒲黄、郁金、三棱、莪术、香附等，方如手拈散、九气拈痛散等。初病在气，久必及血，此经络气血须分析明辨，立方用法，方可丝丝入扣。

（6）腑实宜泻：腑气不通，胃实不降，可用诸承气汤类或番泻叶等，但体虚大便结燥者，宜用润下之药，如郁李仁、火麻仁、瓜蒌、杏仁泥、薤白、肉苁蓉、晚蚕沙、皂角子等。血虚肠结则予火麻仁、当归、肉苁蓉，依缪仲淳法。其大便燥结，不可攻下者，则用晚蚕沙、皂角子宣清导浊，通大便之虚秘，此师古人之法，深具巧思。

（7）肠滑宜涩：久泄而无实邪者宜涩，涩肠则脾运得复，常用药如赤石脂、禹余粮、石莲子、诃子肉、苍术、血余炭、罂粟壳、海参、龙涎香、五倍子、椿根皮、金樱子、白头翁、秦皮等。

（8）呕逆宜降：胃以通降为顺，呕吐呃逆，宜用丁香柿蒂汤、橘皮竹茹汤、旋覆代赭汤等。芳香化浊诸药，亦可止呕逆，如紫苏、代代花、佛手花、藿香、扁豆花、佩兰叶。

（9）嘈杂宜和：吴茱萸与黄连、干姜与黄连、黄芩与半夏，均以寒温并

用，辛开苦降，或枳壳、桔梗、杏仁、薤白伍用，助其开降，胃和则嘈杂即除。

（10）津枯宜生：脾胃弱，津液枯，食欲毫无，通降失司，宜甘凉濡润，以养阴生津，如西洋参、石斛、生谷芽、生内金、荷叶、绿萼梅。叶天士用乌梅肉伍木瓜养胃阴，临床用之甚效。

以上治脾胃十法，旨在察其阴阳，灵机应变。总括其理为“太阴湿土，得阳始运，阳明燥土，得阴自安”“脾宜升则健，胃宜降则和”。

施今墨先生曾治一消化性溃疡患者，胃痛、泛酸、腰痛、大便燥结，劳累后则大便检查即有潜血，诸医罔效，而予以益肝肾之法。药用鹿角胶、阿胶、山萸肉、杜仲、肉苁蓉补肝肾为主，当归、杭芍、生熟地、鸡血藤养血为辅，升麻、荆芥穗、枳壳调其升降为佐，一方而潜血即止，经调治而证除。盖胃病潜血日久，肝血失养，肝虚补母，则血有所藏，更调脾胃升降之机，补而不滞，实为要着，不但潜血得止，而且胃脘虚痛也自然而缓。

还有一例是过敏性结肠炎患者，大便不成形，已盖有年矣，诸医用参苓白术散健脾，附子理中汤温中，半夏泻心汤和肠胃，赤石脂禹余粮汤固涩，四神丸补肾，疗效不佳，即或少获初效，而停药数日，或饮温水，或食一片水果，又腹泻如初，殊感束手。施今墨先生仍依前医温脾固肠之法，用附子、白术、赤石脂、禹余粮、茯苓、薏苡仁、木香等药；加海参一条，另炖烂；和天生黄 5 克，研细末分吞。服药十余剂，十数年之宿疾即未再发，此为温补厚肠之法。[44]

施今墨先生不仅治疗胃肠病时善用调理脾胃法，在治疗其他疾病中也常用调理脾胃法。

（1）心脏疾患：心脏疾患，在中医诊治，并非单从心脏本身着眼，其与脾、肾、肝、肺诸脏关系至切，健脾、补肾、和肝、理肺均可达到治疗心脏病的目的，实为祖国医学整体观念之特点。对于心阳不振的治疗，认为须辅以参、芪、苓、术之类；心脾两虚者则常用归脾汤等。

（2）呼吸系统疾患：呼吸系统疾病以内因为主，“五脏六腑皆令人咳”，如“脾胃虚弱，可生痰湿”，认为治疗上，若无发热而久咳不止，晨暮吐痰涎，百治不效，须用大剂四君子汤始得奏效，即所谓“虚则补其母”法。实际是脾胃健运，增强体力，正气充沛，肺病自可痊愈。但补中少加陈皮、砂仁或枳壳类，其效更显。临证还常用六君子汤加减，以健脾和胃、培土生金，用于肺部疾患的善后。

（3）泌尿系统疾患：如治疗肾炎（包括肾小球肾炎、肾盂肾炎），须辨别寒热虚实……补虚用参、芪、术、桂、草，健脾利水更是常用。

（4）糖尿病：糖尿病多食而瘦、多饮、多尿等主要症状均与脾胃有关。施今墨先生遵循李东垣之说，认为脾者喜燥恶湿，治糖尿病时如一味应用甘寒、苦寒，滋阴泻火，常使脾胃受损，中焦不运，造成人气虚更趋严重，病情迁延不愈。肾为先天之本，脾为后天之本，滋肾阴以降妄炎之火，补脾气以助运化之功，水升火降，中焦渐旺，气复阴回，糖代谢即可恢复正常。故糖尿病治疗中，健脾补气，实为关键，糖尿病兼有胃肠病者，不宜妄用消导诸药，如槟榔、建曲之类。因胃肠正气已弱，若再施以克伐，即犯虚虚之戒。宜用健脾胃药，如参、芪、术等，使脾胃功能健全，正气充沛，邪退身安。

（5）风湿病：施今墨先生将痹证分为风湿热、风寒湿、气血实、气血虚四种证型，对其治疗方法，则以张石顽所论为依据，其云："盖气虚则麻，血虚则木，治当利湿为主，祛风散寒亦不可缺，更须参以理脾补气之剂。"施今墨先生认为治痹证不可统以风寒湿三气同等，其有偏多偏少，随其证而治之，立法为散风、逐寒、祛湿、清热、通络、活血、行气、补虚八法，临床视证候情况合用各法以治之，人参、黄芪、甘草、陈皮、半夏、木香等为其健脾行气之常用药。

（6）神经衰弱：施今墨先生在论治头痛中，认为头为诸阳之会，脑之所居。患神经衰弱者，脑力亏损，清阳不及，其痛则时发时止，隐隐作痛，或如头戴重盔，沉烦压痛，治以吴茱萸汤用之多效。又罗谦甫治柏参谋头痛医案内有："清阳亏损不能上荣，亦不能外固，所以病增甚，宜升阳补气，头痛自愈。"故施今墨先生认为治神经衰弱之头痛，宜健脑补阳虚。但要检查血压，以免升阳不当、血压增高，可见健脾升阳为其治疗头痛的方法之一。

另在论治失眠中，施今墨先生认为阳虚不眠者，以益气为先。气属阳，益气即所以补阳。宜用参、芪、术、怀山药、石莲肉以固其气，亦即绮石老人"阳虚之所当悉统于脾也"之意；对于"胃不和则卧不安"，认为胃热多由于食积不消，积食生热，扰乱心神以致不眠。胃主卫，胃实则卫气盛，胃气独盛于阳，不入于阴故不眠。若胃虚亦不眠，以其虚则胸中似饥，若无所主，得食则能卧，是其明证。胃热不眠者，胃实不眠者，多系痰火为患，宜用半夏、茯苓、川连、枳实、石菖蒲以导痰化滞。王肯堂之治失眠以理痰气为第　义，盖即指此。胃虚不眠者，宜以秫米半夏汤合异功散或归脾汤。观其治疗神经衰弱为气血两亏、脾气虚弱者，常以六君子汤、异功散、补中益气汤为主加减。

（7）男科疾患：施今墨先生治疗前列腺肥大，以升麻为主药，其意为升阳补中、通利小便，方剂使用补中益气汤合五苓散、大补黄芪汤为主加减，体现了"升清阳，降浊阴"的治疗思想。

综上所述，施今墨先生在临证时非常重视调理脾胃法，并在具体应用时着重调理肝、脾、胃之间的关系。常用之法有：补中益气与舒肝和胃相结合，补中益气与清肝益胃相结合，补中益气与养胃生津相结合，补中益气与温肾益心相结合，补中益气与清热固脱相结合等。

三、辨病辨证结合、中西思路临床

施今墨先生说："我国医学界存在着两种理论体系，一为经历几千年的中医，一为18世纪初由西洋传入的西医，一个讲气化，一个讲细胞。"看似两个风马牛不相及的理论，要在看病中进行结合，确实难度极大。中医学的整体观确实在诊疗疾病中具有概括、简便、迅速的优点，但在疾病分类学上，却有着太过笼统、缺乏统一标准的缺点。例如：中医诊断的胃脘痛，西医认为消化不良、胃炎、胃溃疡、十二指肠球部溃疡、胃癌、胆结石、胆囊炎、胰腺炎，甚至心绞痛、阑尾炎等疾病都会出现胃脘痛症状。由于西医有很多理化检验手段，因而使它在疾病分类学上更加客观，更加有统一的标准和规范。

正因如此，施今墨先生从20世纪30年代开始，就倡导中西医病名统一，要用西医疾病分类学的方法作为诊断标准。然而同一疾病在发展过程中，会出现很多不同症状，而不同疾病，有时在某一阶段可以出现相同症状。西医忽略了这一现象，而中医学说中早已有"异病同治，同病异治"的理论。如果用中医辨证的灵活性加上西医诊断的标准化，就可能在临床中创出一条中西医结合、集中西医各自优势的新方法。因此，施今墨先生在自己多年深厚的中医功底基础上，开始进行辨病辨证相结合的临床实践。

例如治疗冠心病心绞痛，西医认为是由于冠状动脉硬化引起供血不足所致，而中医往往按胸痹治疗。施今墨先生总结为："心绞痛之症状，中医论之可分为数因：有为心虚邪干而痛者，有为阳气郁伏而痛者，有为血因邪泣在络不行而痛者，有为血虚而痛者，有为痰湿阻抑而痛者，总之皆属血行不畅所致。余治此证，以丹参、三七为主药，辅以菖蒲、远志，至于瓜蒌、薤白、二陈汤及桂枝汤类，也常用之。丹参活血，通心包络，亦可补心，生血祛瘀。三七则散瘀、定痛、强心，两药合用治心绞痛之效果良好。"施今墨先生在治疗冠心病心绞痛的临床中，无论是宣痹通阳法、活血化瘀法、养阴通络法，都加用丹参和三七这一对药，取得较好的临床疗效。他又说："古人论胸痹心痛，多属阳虚，而余临床所见，阳虚者固有之，阴虚者尤多见。心脏病辨证，更须注意气血，使之和谐流畅，冠心病亦非不治之症也。"这是他根据西医病理和中医辨证对冠心病心绞痛治疗总结出的规律。

对于心动过速、心律失常，施今墨先生用仙鹤草、卧蛋草、龙眼肉合冰糖服之，少时即安。卧蛋草系俗名，载于《本草纲目》石草类，名地锦，又名雀儿卧蛋，地朕，药店中通用卧蛋草名之。他选用卧蛋草，有"主心气，通血脉，能散血、止血利小便”之用，有报道朱颜曾做动物试验，全身麻痹之犬静脉注射卧蛋草制剂时，可使犬呼吸兴奋而血压下降。施今墨先生认为卧蛋草配仙鹤草或龙眼肉、炒远志等药确有宁心作用，尤其对心动过速者，服之能使心动减慢，其效果甚显。

对于糖尿病，中医过去治疗，常分为上、中、下三消，而西医认为是胰腺胰岛素分泌不足所致。施今墨先生认为五脏六腑中并无胰腺，而中医理论有“脾主运化”的学说。运化者，代谢也。因此他治疗糖尿病，强调把健脾助运和滋肾养阴放到同等重要的地位，提出了著名的“降糖对药”（即黄芪与山药，苍术与玄参），在当今医学界影响深远。黄芪甘、微温，入手足太阴气分，补气止消渴，前世医家用之甚多。山药甘平，入脾、肺、肾三经，补脾阴之力强。明代周慎斋有“脾阴不足，重用山药”之语，两药配合，气阴兼顾，补脾功用益彰。苍术辛苦温，入脾胃二经，燥湿健脾，杨士瀛称苍术有“敛脾经不禁，治小便漏泄不止”之功。玄参甘苦咸、微寒，入肺、肾二经，滋阴降火，清热解毒。苍术性辛燥，但伍玄参可以治其偏而展其才，两者相伍，既能健脾，又可以滋阴。有人谓苍术辛燥，虑其伤阴，不敢在消渴病中用之。东垣先生的生津甘露饮子内有藿香、豆蔻、荜澄茄等辛燥之品，佐以取之，亦无辛燥之嫌。施今墨经多年临床实践，发现黄芪伍山药，苍术配玄参，一阴一阳，一脾一肾（黄芪补脾，山药益肾；苍术健脾，玄参滋肾）应用于治疗糖尿病，可有降低血糖、减除尿糖之功。治疗糖尿病在辨证基础上，多加用这两对药味。

施今墨先生弟子祝谌予教授根据糖尿病患者病理多出现微循环障碍，又在黄芪配山药、苍术伍玄参对药的基础上，加入活血化瘀的对药丹参配葛根，用以治疗糖尿病的主药，取得了很好的疗效。施今墨先生这种辨病辨证相结合的方法，早在1940年由祝谌予编著的《祝选施今墨医案》中已有体现，更有后人把施今墨先生治疗冠心病的对药丹参、三七加入冰片，开发出治疗冠心病的“复方丹参片”成药，取得成功。

总结施今墨先生所创立的中西医结合辨病辨证的方法，大致可分为几个阶段：

①以西医疾病分类学为纲，统一中西病名；②中医辨证方法，结合西医诊断和病理，总结西医疾病的规律；③在反复实践过程中，逐步总结出治疗西医各种疾病的专方。

今天看来，这种运用中医理论，总结西医疾病的证候规律，辨病辨证相结合，是对中医学中辨证论治的继续和发展，也为祖国医学的辨病理论开辟了一个新领域。它不仅保留了西医诊病确切、标准规范的优点，又能发挥中医辨证施治的长处，值得后人在此基础上进行深入总结。

中西医相互融合的思想一直是施今墨先生倡导的医学之路。他在一篇随笔中写道：我辈中医从事临床时，所遇每一个病证，必须经过：①辨证的理论；②科学的诊断；③确效的方剂；④本草的普选。不可狃于遵古的形式，无论适合病情与否，一一照方抄录。亦不可顾虑未经古人使用的药物，便不敢创始采用。尤不可迷信古人未治过的病便认为不能治，古来未有之病种，便无药可医也，是乃革新进化工作要大胆去做。正是这种革新思想，才使他能在临床中勇于探索，不断前进。

中医“证”是疾病发生过程中不同阶段病因病机的高度概括。既然同一证有共同的临床表达和病理机制，那么其肯定有共同的物质基础，而这种物质基础就很有可能反映在基因或基因组水平上。我们可以在不同疾病的证中，寻找结构基因组与功能基因组的共同性，并且在同一疾病的不同证型间观察其差异性，通过系统分析、归纳、整理，建立“证—基因表达谱”，使原本模糊、杂乱的“证”变得明确、规范。有报道人类基因组学研究的方法内容与中医学的整体观、辨证观有许多相似之处，因此，基因组学研究很可能成为中医学现代化研究的突破口。中国科学院遗传所人类基因组中心杨焕明教授认为“怎么把西医的病与中医的证统一起来呢？基因表达谱也许将是重要的连接点”，沈自尹院士提出了“遵循中医学研究本身的内在规律，充分利用功能基因组学的研究成果，建立中医证的基因表达谱，将是21世纪中医药学的主要发展趋势”。基因表达谱可为辨证施治这一精华再度辉煌而提供现代基因组学依据，[45]更好地传承创新发展中医药，让中华瑰宝为呵护人类健康再放异彩。

四、重视病因病机、临证辨证精详

施今墨先生提出了辨病辨证结合的新方法，但在临证时首先强调要对疾病的病因病机有全面的认识，只有对病因病机有深刻认识，辨病和辨证才能准确。

（一）失眠审因论治

失眠一证，虽非重证，但属顽疾，病家最觉苦恼，医者常感棘手。施今墨先生在失眠症的辨证理论中，他审证求因、治病求本，将失眠病因列为以下13类：①心肾不交；②血不上荣；③脑肾不足；④心火亢盛；⑤阴虚不眠；⑥阳虚不眠；⑦胃热不眠；⑧胃实不眠；⑨胃虚不眠；⑩胆热不眠；⑪胆寒不眠；⑫胆虚不眠；⑬肝经受病，为五志七情所扰。

施先生针对各种病因，进一步分析病机。如心肾不交者，多属心火独炎于上，肾水亏乏于下，心肾不协调，阴阳相睽隔，故不成寐。血不上荣者，由心血不足，脑失濡养而不得眠。脑肾不足者，以过劳伤肾，肾亏而脑不足，或用脑过度，损伤肾气，脑肾皆亏，不得安卧。心火亢盛者，由心阳偏亢，气不得宁，神不得安，遂成不眠。阴虚不眠者，如张景岳所说“阳有所归，神安而寐；阳为阴抑，则神索不安，是以不寐”。胃证不眠者，如《素问·逆调论》说：“阳明者，胃脉也。胃者六腑之海，其气亦下行，阳明逆，不得从其道，故不得卧也。”所以胃热、胃实、胃虚，皆令人不得安卧。胆证不眠者，胆受邪则精神不宁，胆热肝阳亦亢，上扰清窍则不寐。胆寒则致肝虚，血不归肝也难成眠。胆虚则易惊，精神无所主，入睡不易。肝郁不眠者，因肝性条达宜舒展，若精神紧张，情志抑郁，皆能引起肝郁不舒，以致调节失常，不得安卧。失眠中以此类型最为常见，原因复杂，隐晦莫测。失眠病机，虽多与各脏腑功能失调有关，而与脑之关系尤其密切。故《灵枢·海论》云：“髓海有余，则轻劲多力，自过其度；髓海不足，则脑转耳鸣，胫酸眩冒，目无所见，懈怠安卧。”至于治法，调阴阳、理气血、安脏腑、和营卫，方法众多，要在辨证论治。

（二）外感重视病因

施今墨先生临证很重视外界因素对人体的影响，对于患者的工作、生活、习惯、精神、家庭等情况他都问得很仔细，他说：“我们治的是生活在社会中的人，周围环境中的许多因素，都会对人有影响。《素问·疏五过论》中明确外界因素和七情之间的辨证关系。”

施今墨先生同时也十分重视内因，历代医家对外感热性病，强调六淫外邪致病，施先生认为：“六淫疫病之邪皆为外因，若单纯外因却不能致病。”“邪之所凑，其气必虚。外因通过内因始生作用，确为至理名言。”他认为内有郁热，方易感受外邪而发热。因此提出治外感病首先要辨表里、虚实、寒热、气血。审表里，即详查表里比重；论虚实，即考虑邪正关系；详寒热，即区分疾病性质；辨气血，即分清层次。表病既应发汗，更须注意清里，应在“清”“解”二字上仔细推敲。前人立法，如“麻杏石甘汤”“银翘散”莫不如此。清解要善于调度。他创立七清三解法（即清里与解表药味比例 7：3）、四清六解法、五清五解法、三清七解诸法，用于外感病，只要辨证确切，常效如桴鼓。

五、精于组方配伍、自创施氏对药

施今墨先生是一位卓越的中医药临床家，他一生以行医为己任，以“理真术效”而自勉。衷张仲景、叶天士诸贤，不拘伤寒、温热之门户，而能融会贯通。在长期的中医药学临床实践中，他深谙其精华，传承不泥古创新不离宗，形成自己独特的用药特点。

（一）理法精准 组方严谨

施今墨先生精于辨证，遣方用药自成一格。由于施今墨先生平时诊治的多为疑难杂症或久治不愈的顽症，擅用大方，为加强药力，往往药味较多，由数方化裁而治，君臣佐使的安排很有法度，方大而不乱，繁而不杂，量多不重，配合精当，组方严谨，浑然一体，毫无繁琐冗赘之感，反倒彰显其华贵大方，非常人能及之气度，其处方之华美，常令中医药界的行家矢口赞叹，博得了“雍容华贵”的美誉，其往往数剂即见功效。

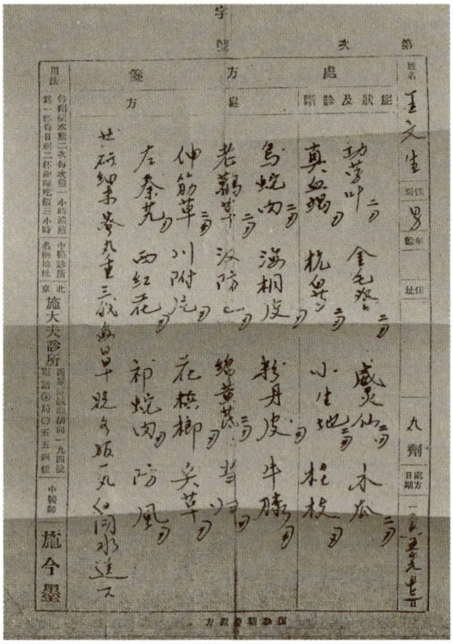

施今墨处方（1965 年 9 月）

施先生不仅擅用大方医治顽疾，还善于可用单方、小方治疗重病，使用得当，效如桴鼓。他还十分善于将《伤寒论》《金匮要略》的方剂参合应用，可以说对于经方的使用已然达到了收放自如的境界，这也是他学识渊博、辨证翔实的见证。

君、臣、佐、使是中医的组方配伍原则，组方计算比例，也为施今墨先生所创。其组方精细，有时还要计算解表药和清里药、扶正药和祛邪药、气分药和血分药的比例。在治疗外感温热病上，他提出凡内有蕴热，便易招致外邪，表证不可只知发汗，还应注意“清里热”，在“解”与“清”二字上仔细推敲，创立了“七解三清”“五解五清”“三解七清”等法。甚至在补益方剂中，补阴补阳占多少比例，补脏补腑占多少比例，帮助消化吸收占多少比例，行经药占多少比例，他都根据辨证安排得十分精当。他常说：“组方用药恰当，首先在于辨证精确，辨证精确而组方用药不注意君臣佐使的比例安排，疗效就差，二者相辅相成，缺一不可。”

（二）用药灵活　矢矢中的

对于理、法、方、药的关系，施今墨先生的体会是：“临床如临阵，用药如用兵，必须明辨证候，详慎组方，灵活用药，不知医理，即难辨证，辨证不明，无从立法，遂致堆砌药味，杂乱无章。”他强调“有是证，用是药”，他治病时不惧成见，根据病情，该寒就寒，该热就热，用药灵活，既有常规使用，又善出奇制胜。如血小板减少症，用当归补血汤加龟鹿二仙胶、陈阿胶合紫草、仙鹤草、生熟地治之；用绿豆衣治消渴，绿豆芽配大豆卷治黄疸，五倍子治蛋白尿、自汗和月经过多等，柿蒂、香菇伍木瓜治尿频、尿失禁，血余炭治尿结石及痢疾，海浮石佐鱼枕骨治癃闭等，用药奇特，效如桴鼓。[46]

他兼采中西医理和各家之长，旁及民间疗法和单方草药，敢于创立新法、新方，每奏奇效，喜采前人之意进行化裁，不用原药，只取其法。如治呃逆，用白芝麻合群药取效，或独取白芝麻 30 克，生研沏水代茶饮而愈，取白芝麻润燥除噎、下通脾约之效。胃阴不足纳呆，用乌梅配木瓜采叶天士法。子宫脱垂，以补中益气汤加枳实、枳壳，既有前人经验，又有近代研究。在用药中都是在平稳中见神奇，并有很多创新理念。如治疗臌证用十枣汤丸，治疗阳气衰微所用的天生黄及附子、乌头等，均有是证，用是药，能起死回生。他收集民间验方，如治痔疮之疾用柿饼炭、木耳炭，再如治腘肌痉挛之用的芝麻，都是不拘一格，疗效很高。

（三）施氏对药

施今墨先生特别善于双药合用，发现古方中有许多起关键作用的药物，往往成对出现，或一寒一热，或一升一降，或一气一血，或一散一收，或一阴一阳，或一脏一腑，非常符合中医理论“阴平阳秘”“以平为期”的原则，起到正反双向调节的作用。验之于临床，发现确实药少而效著，形成自己用药特点，在处方中并列书写，累积有近 300 余组，世称“施氏对药”。施今墨对药绝大部分是两两成对书写，但也有三四味药一起组成的。可以看出施今墨对中药学、方剂学研究深邃，运用娴熟，得心应手，每多取效。[47]

1. 对药巧配，功效更奇

施今墨先生临床处方常常双药并书，两味药一组，简便易于诵记。药对或源于古方、今方中精选，或自创制成。究其深含，每组药配伍不外以下四种功效。

（1）相互协助，增强药力：即所用对药功用大致相同，相互为用，相辅相成，配伍以增药效。

1）同类相从：杏仁伍川贝，两药同用共增化痰止咳之力。青皮伍陈皮，两药均可理气，青皮行于左，陈皮善走右，两药伍用理气止痛，调中快膈。鳖甲伍龟板，鳖甲滋阴潜阳退热，龟板滋阴潜阳散结，两药伍用滋阴清热，治疗骨蒸潮热、盗汗等阴虚发热症。磁石伍石决明可以平肝潜阳，磁石以滋肾为要，石决明以平肝为主，有水木相生之妙用。晚蚕沙伍皂角子，两药同用共增升清降浊之力。鹿角胶伍龟板胶，一补肾阳，一补阴血，一阴一阳，取其“孤阴不生、孤阳不长”之义，阴阳双补。

2）异类相使：将两个功用不同的药物配伍，各取所长，使药效加强。如浮萍配紫草，浮萍体轻气浮，偏走气分，善清气分邪毒，以散风、祛邪、透疹、利尿见长；紫草专入血分，长于清血分热毒，以清热凉血、解毒化斑为优。两药伍用，一气一血，气血两清、透疹解毒、祛风止痒，其功益彰。

（2）相互制约而展其长：即将两个性味功效不同或相反药物配伍，能取得同一效用，更好地发挥其治疗作用。

1）寒热并用：吴茱萸配黄连，吴茱萸温中散寒止痛；黄连清热燥湿，以吴茱萸之辛热制黄连之苦寒，一寒一热。两药同用和胃制酸，治疗肠胃病的呕吐、吞酸、腹痛、泻痢等。

2）补泻兼施：患者素体亏虚或正气已伤，邪气尚存者，当用扶正祛邪之法，因有虚多实少、实多虚少之别，应分补散、清补、攻补、消补之不同，以适应临床虚实不同证候。

补散：如①麻黄配熟地，麻黄体质轻浮，气味辛散，易伤正气；熟地质重性滋腻，易助湿碍胃。二药配伍，以麻黄之辛散制熟地之滋腻，又用熟地之滋腻制麻黄之燥散，宣发而不伤正，标本兼顾，止咳平喘、散结消块甚效。②熟地伍砂仁，熟地益肾补血；砂仁辛散醒脾。以砂仁辛散之性去熟地腻胃之弊，两药同用补血开胃。

清补：如山药配蒡子，山药补脾健胃；牛蒡子疏风清肺。二药相伍，一补一清，清补合法，宣肺气、清肺热、健脾胃，使祛痰止咳的力量增强。

攻补：如大枣伍葶苈子，以大枣之甘缓；制葶苈子性急。二药配伍泻肺下降之势，防其泻利太过，共奏利痰行水、下气平喘之功。

消补：枳实伍白术，枳实破气消积；白术健脾和中。两药配伍，一补一泻，消补并行，健脾消痞，以取补而不滞，消不伤正之功，治疗心下痞满、胃下垂、脱肛等内脏弛缓无力之证。

3）开阖相济：开阖与补泻类似，其特点是补中寓泻，扶正为主，祛邪为辅。如五味子配干姜，五味子酸涩收敛，善敛肺气而滋肾水；干姜辛散温通，逐寒邪而发表温经，燥脾湿而止呕消痰。两药配伍，一补一散，一开一阖，利肺气、平喘逆、化痰饮、止咳嗽甚效。

4）升降合用：如大黄配荆芥穗，大黄以降为主，为攻下之要药；荆芥穗长于升散，发表祛邪。两药伍用，一升一降，清升浊降，共收清热通便之功。

（3）两药合用，另生新用：此类药为施今墨先生总结多年临床治疗经验所创。①苍术配玄参，苍术健脾燥湿，性虽温燥，但有“敛脾精”之作用；玄参性微寒而润，滋肾养阴，以玄参之润制苍术之燥。两药伍用敛脾精而健中更强，一润一燥，相互制约，降血糖甚佳。②瓦楞子伍鱼枕骨，瓦楞子能行血散结化痰；鱼枕骨可软坚散结，两者伍用治疗各种结石症。③卧蛋草伍仙鹤草，卧蛋草具有强心活血之功；仙鹤草止血、凉血，两者合用可强心和血，治疗心跳过速其效甚显。④蝉衣伍凤凰衣，治疗声嘶、音哑。⑤菖蒲伍蝉衣治疗耳鸣、头响等皆属此类。

（4）两药合用有沟通导引作用：此类对药为数最少。①细辛伍石膏，以细辛之辛散；引石膏之甘寒直达上焦以清其热。②僵蚕伍白芷，僵蚕祛风通络；白芷祛风止痛。以白芷之辛散，引僵蚕真达头面，祛风通络止痛，治疗风热痰浊瘀阻上焦所致头痛或面部肌肉痉挛效果颇佳。③羌活伍独活，羌活引独活走上；独活又可引羌活走下。两药同用，一上一下直通足太阳膀胱经，以祛风通络止痛，治疗风痹的周身串痛。[48,49]

2. 名方精华，巧配对药

施今墨先生不但善于用药，更精于用方。他的对药表面上看是一对一对的药物，实际上是许多小方和名方的精华。以他的对药，是对药物透彻地理解，博采众方，取其精髓，化裁而成。故施今墨先生之对药，名为用药，实为用方。由此体现出施今墨先生认证之准，用方之妙，对方剂理解之深，化裁之巧，同时也体现出了施今墨先生的学术思想。

其对药或互为相须，如石膏配知母，出自《伤寒论》白虎汤；或互为反佐，如黄连配吴茱萸，出自《丹溪心法》左金丸；或一升一降，如葱白配淡豆豉，出自《肘后方》葱豉汤；或一气一血，如芦根配茅根，出自《千金方》；或一补一泻如枳实伍白术，出自《金匮要略》枳术汤，枳实破气消积，白术健脾和中，两者一补一泻相伍而达健脾消痞的功效。

有时同为一药，因配伍不同，而治疗迥异。如石菖蒲一药，与焦远志相配，名曰远志汤，出自《圣济总录》，治疗久心痛；再加茯神，为琥珀养心丹，出自《证治准绳》，治疗心悸、怔忡；菖蒲、远志，加入龟板、龙骨，名孔圣枕中丹，出自《千金要方》，治疗失眠、健忘、神志恍惚不安；若治疗痰湿蒙蔽心包，用菖蒲配郁金，出自《温热经纬》中的配伍……由此可见，若非博览群书，深谙方意，则对药之出，实不可得。

经对《施今墨对药》的粗略统计，施老对药共涉及古今书籍 61 种，方剂 105 首。远至《内经》的“半夏秫米散”，近至《医学衷中参西录》的“升陷汤”，靡不采用，足见其读书之广，采方之多。[50]

3. 自创对药

施今墨先生临证博采众方，古今医论治于一炉，撷取历代医家所长，融会贯通，结合丰富的临床经验，敢于创新，形成了施氏独具一格的用药风格，创立了许多行之有效的对药，为后人临证选药组方提供了思路。施今墨先生自己独创的约有近百对，在此选其典型的对药列举。

桔梗、杏仁：治疗痢疾初起，表现为半痢半粪者。

荆芥、黄芩：治疗寒包火。

薄荷、生石膏：一清一解，清解合法，解表退热。

旋覆花、半夏曲：治疗咳吐稀痰，渗出性胸膜炎。

人参、三七：治疗虚痨咳嗽者，用药分量不宜过重。

刺蒺藜、黑芥穗：治疗各种瘙痒症。

苍术、玄参：降低血糖，用苍术取其“敛脾精”的作用。苍术之燥伍玄参之润，制其短而展其长。

绿豆衣、薏苡仁：治疗糖尿病上消诸症。

鲜地黄、淫羊藿：治疗糖尿病用胰岛素治疗不当所导致的阴阳俱虚之证。

苍术、白芝麻：治疗呃逆，证属脾胃虚弱，津液不足、胃气上逆、呃逆频频者。

马宝、沉香：治呃逆诸症，可试治食管癌诸症。

血余炭、禹余粮：治疗慢性腹泻、慢性痢疾。尤其对于肠黏膜损害者（如溃疡性结肠炎等），更可选用。施今墨先生认为，本品除有收敛止泻的作用外，其分子颗粒尚可吸附于肠黏膜，起到防腐和保护黏膜、使溃疡早期愈合的作用。

桑螵蛸、海螵蛸：海螵蛸功擅止血、制酸，亦可固精止带；桑螵蛸功专固精缩尿，且有益肾之力。二药合用，收涩作用益彰，故凡下元不固引起的前后二阴的病变均可选用，还可治中老年人前列腺肥大诸症。

花蕊石、钟乳石：治疗肺组织损伤（支气管扩张、肺结核、肺脓疡等）引起的咯血及衄血吐血、崩漏下血等。

荆芥炭、艾叶炭：治疗妇人崩漏下血诸症均有实效，若出血过多者，以米醋2～4两与药共煎，有立竿见影之功。

茯神、麦冬：即茯神、麦冬二药用朱砂拌之，以引药力入于心经，而达养心潜阳、镇静安神、增进睡眠之功。

白薇、刺蒺藜：治疗头痛、头昏、头晕诸症，凡证属血虚肝旺者。

全蝎、钩藤：治疗顽固性头痛（神经性头痛）。

珍珠、海参：治疗癫痫。

茺蔚子、夏枯草：治疗虚性高血压。

地锦草、分心木：治疗冠心病心绞痛。

丹参、三七：专为冠心病心绞痛而设。冠心病心绞痛之初起，尚无器质性病变者，则重用丹参，少佐三七；病程日久，又有器质性损害者，则主取三七，佐以丹参。

阿胶、仙鹤草：治疗各种心脏病，证属心阴不足者。

地锦草、仙鹤草：治疗心动过速。

红曲、车前子：治疗湿热下痢。

冬瓜子、甜瓜子：治疗肺水肿，渗出性胸膜炎。

冬瓜子、冬葵子：治疗肺脓疡、支气管扩张。

合欢皮、刺蒺藜：治疗慢性肝炎、肝硬化等疾病引起的肝脾大诸症。

熟地、细辛：治疗腰痛，不论肾虚腰痛、风湿腰痛，只要偏于阴虚者，均宜使用。

4. 赋予新功效的对药

有一些对药是在前人的方剂中已有记载的，施今墨先生用其对药，虽然药物相同，但其治疗作用却不同，也为对药赋予了新的功能。

蒲黄、五灵脂：《太平惠民和剂局方》治疗男女老少心痛、腹痛、少腹痛、小肠疝气，诸药不效者。施今墨先生用以治疗妇科疾病，多伍以当归、川芎、香附、艾叶；治疗胃寒而痛，与干姜炭、高良姜伍用；治疗冠心病心绞痛，与紫丹参、三七、葛根、降香等配伍。

升麻、荆芥穗：《墨宝斋集验方》治血崩，施今墨先生治疗中下焦出血者，习惯以黑升麻、黑芥穗治疗。

桑叶、黑芝麻：《医极》桑麻丸，原治肝阴不足，眼目昏花，咳久不愈，肌肤甲错，麻痹不仁，施今墨先生治疗头发、胡须早白，脱发。

乌梅、五味子：出自宁神散，施今墨先生治疗糖尿病尿糖不降，敛脾精、止漏浊。

知母、石膏：出自白虎汤，施今墨先生治疗糖尿病，上消口干、口渴，甚则大渴引饮。

滑石、甘草（六一散）：施今墨先生应用范围较广，还用于治疗尿路感染、尿路结石，持久服用还有预防结石复发之功能。如六一散伍车前子治疗淋浊（急性肾炎、慢性肾炎、肾盂肾炎、膀胱炎、尿道炎、前列腺肥大，表现为小便不利者诸症），六一散伍荷叶治疗夏日时感，六一散伍灯心草治疗尿路结石，六一散伍血余炭治疗泄泻、泌尿系统炎症和结石。

熟地黄、当归：出自四物汤，施今墨先生治疗久咳、久喘。

黄芪、山药：出自《圣惠方》薯蓣丸，原治疗虚劳少气，四肢无力，施今墨先生用于治疗糖尿病，可以降低尿糖。

晚蚕沙、皂荚子：出自清代吴鞠通《温病条辨·下焦》篇的宣清导浊汤，用于治疗湿温久羁，弥漫三焦，神昏窍阻，少腹硬满，大便不下，用以导湿浊从大便出。施今墨先生又有发挥，云："二药参合，升清降浊，上能治头晕，中能消胃胀，下能通大便。"

陈皮、枳实：原方为橘皮枳实生姜汤，治疗胸痹，胸中气塞短气。施今墨先生习惯将二药炒炭入药，治疗胃肠系统的急性炎症、慢性炎症及胃肠黏膜有损害之病变。炒炭入药的机制有二：一则去其挥发油，减少对胃肠刺激的副作用；二则尚有解毒作用，其炭末还可吸附于胃肠道黏膜，从而起到保护黏膜作用，以利于炎症的吸收和损伤的迅速愈合。

桔梗、枳壳：出自《赤水玄珠》活人桔梗枳壳汤，治疗伤寒痞气，胸满欲绝。施今墨先生再配伍薤白、杏仁，谓上下左右汤，祝谌予名之为调气汤，共奏行气消胀、散结止痛之功，以治胸膈满闷，脘腹胀痛。

刺蒺藜、僵蚕：见《圣济总录》四白散，治疗伤寒头痛，身热，百节疼痛，施今墨先生用于治疗内伤头痛。

槐花、黄芩：出自《女科切要》槐芩散，治崩中不止，施今墨先生治疗实性高血压。

赤茯苓、赤芍：出自《太平惠民和剂局方》五淋散，肾气不足，膀胱有热。施今墨先生治疗血热挟瘀之小便不利、水肿、尿血，血热所致衄血、吐血。

麻黄、浮萍：出自《圣惠方》浮萍草散，伤寒无汗，施今墨先生用于治疗急性肾炎。

益智仁、萆薢：出自《杨氏家藏方》萆薢分清散，施今墨先生治疗尿酸性关节炎诸症。

血余炭、韭菜子：出自《伤科补要》血竭散，施今墨先生用治疗慢性肾炎。

蝉蜕、凤凰衣：出自《眼科龙木论》五退散有蝉蜕、凤凰衣，治疗内障，施今墨先生治疗音嘶、音哑。

磁石、石菖蒲：出自《卫生家宝方》磁石丸，补肝肾虚，止冷泪，散黑花。施今墨先生治疗肾水不足，虚火上炎，以致耳鸣、耳聋等；阴虚阳亢，以致头晕头痛、心悸心烦、失眠等。

茯苓、益智仁：出自《补要袖珍小儿方论》益智仁散，益智仁、白茯苓各等分。治疗小儿遗尿，亦治白浊。施今墨先生用于治疗下元虚寒，气化功能失调，以致小便淋沥不畅、小便浑浊等，脾肾虚寒，泄泻等。

5. 施今墨学生自创的对药

施今墨先生的学生对于施今墨先生的对药非常推崇，其学生张秀琴曾说：华北国医学院的学生，将施今墨先生的对药编成歌诀，因为朗朗上口，学生们都能通顺地背诵。学生们将施今墨先生的对药融会贯通后又有发挥，如祝谌予、李介鸣、吕景山等，都自创了一些新的对药，也是对施门学派的一个传承和发展。

（1）祝谌予自创的对药

土茯苓、蚤休：治疗乙型病毒性肝炎。

甘草、蒲公英：治疗咽喉肿痛，口舌生疮，证属热毒炽盛者；慢性胃炎，胃、十二指肠溃疡，症见嘈杂反酸、胃脘挛急、疼痛等。

杏仁、葶苈子：再配以白芥子、莱菔子、苏子名曰祝氏五子定喘汤，用于治疗支气管哮喘。

葛根、丹参：治疗糖尿病有瘀血指征者。

肉苁蓉、黑芝麻：治疗习惯性便秘，证属血虚阴亏者。

血余炭、乌梅：治疗直肠炎、溃疡性结肠炎诸症。

川楝子、泽兰：治疗妇人卵巢囊肿、术后肠粘连、腹部炎性包块诸症。

石菖蒲、路路通：治疗输卵管阻塞者。

苏木、刘寄奴：治疗糖尿病周围血管病、下肢静脉栓塞，及妇女血滞经闭、痛经。

酸枣仁、五味子：治疗神经衰弱，属于阴血不足者。

牡蛎、五味子：治疗甲状腺功能亢进。

丹参、黄连：治疗失眠，属于心火过旺者。

茺蔚子、僵蚕：治疗顽固性偏头痛。

钩藤、桑寄生：治疗高血压属于肝肾不足、肝阳上亢者。

石决明、决明子：治疗肝热目赤涩痛。

羌活、菊花：治疗冠心病心绞痛、心痛彻背。

丹参、山楂：治疗冠心病心绞痛、高脂血症。

石韦、萆薢：治疗产后水肿。

白茅根、益母草：治疗肾炎之血尿、浮肿。

薏苡仁、乌梅：治疗妇女子宫肌瘤、卵巢囊肿、炎性包块。

桑寄生、鸡血藤：治疗糖尿病周围神经病变与降糖对药参合，治疗中风偏瘫与补阳气还五汤合用，治疗血虚经闭与圣愈汤伍用。

刺蒺藜、木贼：治疗眼疾。

谷精草、密蒙花：治疗糖尿病视网膜病变、黄斑变性。

钩藤、白头翁：治疗帕金森病。

桂枝、牡蛎：治疗痛风诸症。

（2）李介鸣自创的对药

桑枝、柽柳：治疗风湿性关节炎，有风湿活动，血沉加快。

佛手、香橼：治疗冠心病心绞痛以胸闷憋气为主症者。

延胡索、冰片：治疗冠心病心绞痛。

大熟地、山茱萸：熟地黄与山茱萸配伍可见于《金匮要略》的肾气丸、《小儿药证直诀》的六味地黄丸和《宣明论方》的地黄饮子，李介鸣则谓之为“代参汤”，可大补元气，用于治疗久病虚弱诸症状。

（3）吕景山自创的对药

酸枣仁、夜交藤：治疗神经衰弱，属于心肝两虚，阳不入阴之失眠者。吕景山用于治疗鼻衄由肺热灼络之故，与黄芩、牛膝伍用，其效更著。

桑白皮、地骨皮：出自《小儿药证直诀》泻白散，功可清肺泻热、止咳平喘。吕景山用治肺气不降之水肿（颜面浮肿），午后低热，肺热灼络之鼻衄。[51]

六、临床施治拾萃

（一）治则治法

1. 治外感热病解表清里，给邪以出路

外感热性病，医家强调六淫外感而致病。施今墨先生临床多年，独创心得，对于外感病重视内因，认为不论其为外感风寒或温热，不论其为传染性或非传染性，必须外因内因结合起来看。六淫疫病之邪皆为外因，若单纯外因亦不均能致病……“邪之所凑，其气必虚”，外因通过内因始生作用，确为至理名言，因而在治疗时重视审表里比重。

外感热性病多属内有蓄热，外感风寒，治疗时应既解表寒又清里热，用药时表里比重必须恰当。因此，施今墨先生治疗外感，根据病情，创立七清三解法（即清里与解表药味之比例为七比三，下同）、六解四清、五清五解法、四解六清、三清七解法等，在临证使用时，视表寒和里热的多少而区别使用，至为切要。施今墨先生根据前人方意，制订清解药对，如豆豉伍山栀，荆芥穗、薄荷配银花、连翘，麻黄伍石膏，黄芩伍荆芥穗等，临证用之，得心应手。

施今墨先生治疗外感病还注重给邪以出路，不可关门缉盗，其出路有三：为汗、为下、为利小便。在表多以汗解，在里多以二便而清，因此分清表里最为重要。若导邪由膀胱水道外出，药如芦根、白茅根、竹叶、滑石、荷梗之属，既不伤津又可导热下行；浮萍则可使外邪从汗、尿两途而去。过汗则易伤津，过下则易正衰。

过早使用寒凉药品，致使遏热入里，内热益炽，须用少量麻黄引邪外出，再伍黄芩则邪得以出，内热亦清，清解之技巧即在于此。外感还须审察虚实，注意正邪斗争之趋势，必审患者体质，若年老体弱，汗之宜慎，常佐以沙参或人参之属，以防劫脱。

2. 用药平稳，忌寒凉、攻伐

施今墨先生组方时，不仅抓主证，而且顾及兼证；不仅攻邪，而且注意扶正。他的处方有时药味较多，但配伍严谨，主次分明，照顾全面，君臣佐使的安排很有法度。即使为攻下之剂，也能令患者不觉攻下之苦，素以组方用药平稳而能除疾著称。他组方精细，有时还要计算比例，如解表药与清里药的比例，扶正药与法邪药的比例。他说：“组方用药恰当，首先在于辨证精确，辨证精确而组方用药不注意君臣佐使的比例安排，疗效就差，两者相辅相成，缺一不可。”

施今墨先生对各种疾病的论述中引用了许多前贤的观点，分析其引文情况，可以看出施今墨先生的学术思想除多引用《黄帝内经》《金匮要略》《诸病源候论》的论述外，还多引用孙一奎《赤水玄珠》、张璐《张氏医通》的观点，缪仲淳、绮石、叶天士等的观点也多有引用。施今墨先生受孙一奎、张璐等温补思想的影响，临证时对寒凉药物的使用比较慎重，并注重顾护正气，慎用攻伐。如治疗实性高血压，“苦寒之药不宜久服，俟血压有下降之势，仍以静通为要”；治呼吸系统病，“若过早用药寒凉黏腻之类，常致引邪入里，病无出路”；治咳嗽、吐血“非万不得已，切忌过用寒凉，以免瘀血凝聚，一旦如堤之决，势难挽回”；治糖尿病“如一味应用甘寒、苦寒，滋阴泻火，常使脾功受损，中焦不运，造成人气虚更趋严重，病情迁延不愈”。[52]

施今墨先生在对湿温的论述中，也谈到治湿温忌用寒凉，并论述了寒凉药对脾胃的影响，其云：“湿热郁结肠胃，愈服寒凉，愈不得下，反而凝聚不动……胃肠停蓄凉性药物过多，脾胃均受影响，升降失司……苦寒过用，寒湿互结，凝于中焦，遂由热中转为寒中……此症原本阴虚火胜，过度寒凉遏抑，逼阳升越，势将四散流离，故用理中加味以收复之。”

施今墨先生在治妇科疾病时也非常注重攻伐适宜，认为：“若血气不充，经水不至，即谚语‘无水不能行船’之意，不可用攻破峻剂，而宜用大量养血培补本元药物，如鹿胎、紫河车及诸胶之属，血盈则经自至。但确为血瘀经闭者……可用延胡索、丹皮、茺蔚子、泽兰叶……及归、芎之类，均属习用，其甚者可用抵当汤、大黄䗪虫丸，然必须详审脉证，方免失治，攻破峻剂尤应谨慎使用也。”

3. 善于调理气机升降

施今墨先生曾说：“临床治病，不外三大法，即祛邪、扶正、调理，而调理气机，即是其中重要一法。”每遇证情复杂、不易辨识之证，他往往先从调理气机入手，试观其变化，找出主要矛盾，再一举攻克。气虚之证，常因虚而滞，单用补法，有时会越补越滞，出现虚不受补的情况。施今墨先生以调理气机之法为先，使气血流动，再进补法。他常用宽胸和气法，治疗上焦气机不调之证；调胃和气法，治疗中焦气机不调之证；下气消胀法，治疗下焦气机不调之证；舒肝解郁法，治疗两胁气机不调之证。

升降气机是施今墨先生常用的方法，这可以从其对药中充分体现。《素问·阴阳应象大论》指出：“清阳出上窍，浊阴走下窍，清阳发腠理，浊阴走五脏，清阳实四肢，浊阴归六腑。”《素问·六微旨大论》云：“升降出入，无器不有。”人体是一个生存于自然界的有机整体，升降运动是人体生命活动的基本规律，这种运动变化具体表现在各个脏腑功能活动及其脏腑、经络组织之间的协调关系上。如肺主呼气，肾主纳气，脾主升清，胃主降浊，心火下移，肾水上腾，肝气升发，胆汁降泄等。《素问·六微旨大论》云：“出入废，则神机化灭，升降息，则气立孤危，故非出入则无以生长壮老已，非升降则无以生长化收藏。”因而施今墨先生在组方配伍时非常注重气机升降的调理，主要表现在以下几个方面：

（1）升清降浊：如用大黄伍荆芥穗，此配伍出自孙一奎的《赤水玄珠》，名曰倒换散，治疗小便不通大黄减半，大便不通，荆芥穗减半。大黄苦寒，其性重浊，主沉降，力猛而善行，为攻下的要药；荆芥穗味辛芳香，性微温不燥，气质轻扬，善于升散，功可发表散邪，祛经络中之风热。大黄主降，荆芥穗主升，两药伍用，一升一降，清升浊降，共收清热通便之功。再如晚蚕沙伍皂荚子，此配伍出自吴鞠通《温病条辨》宣清导浊汤。晚蚕沙祛风除湿，活血定痛，和胃化浊；皂荚子降浊润燥，润肠通便，祛风消肿。晚蚕沙以升清为主，皂荚子以降浊为主，两药伍用，一升一降，清升浊降。

（2）升降脾胃：胃气主降，脾气主升，胃主受纳，脾主运化，两者相互联系，一表一里，一纳一运，一升一降，维持机体消化吸收的正常功能。若脾失健运，可致胃失和降，反之亦然，治宜升降脾胃、健脾和胃。如用陈皮伍枳实，陈皮味辛善散能升气，味苦善泄能行痰，其气温平，善于通达，故能理气调中，燥湿化痰；枳实辛散苦降，破气、消积、化痰。陈皮升多降少，枳实降多升少，两药合用，一升一降，行气和中，消胀止痛之力增强。

（3）升降肺气：肺主气，司呼吸，主宣发与肃降。肺气宣发，可使卫气和津液得以输布全身，以温润肌腠皮肤；肺气清肃下降，才能保持正常的生理功能，使气道通畅，呼吸均匀。肺失宣降，则可出现胸闷、咳嗽、喘息等症状。如白前伍前胡，白前清肺降气，祛痰止咳；前胡宣散风热，降气消痰。白前重在降气，前胡偏于宣肺，两药伍用，一宣一降，使肺的宣发肃降功能得以正常运行，则诸症皆除。

（4）升降气机：①用紫苏梗伍桔梗，紫苏梗行气宽中，温中止痛，理气安胎；桔梗宣通肺气，祛痰排脓，清利咽喉。紫苏梗偏于下降理气，桔梗长于升提上行，两药一升一降，开胸顺气，消胀除满，可以治疗一切气机不畅所致的胸闷不舒、气逆等症。②桔梗伍枳壳，此配伍出自孙一奎《赤水玄珠》活人桔梗枳壳汤。施今墨先生在此基础上，又配以薤白、杏仁，他谓之上下左右汤，桔梗辛散，宣通肺气，祛痰排脓，清利咽喉，以升提上行为主，有“载药上行”之功；枳壳苦温，理气消胀，宽胸快膈，以下降行散为主。两药一升一降，行气消胀散痞的力量增强。薤白辛温，行气于左，温中通阳，行气散结，活血止痛；杏仁入肺，行气于右，宣肺平喘，祛痰止咳，润肠通便。两药配用，一左一右，升降调和，气机通畅，理气宽中，消胀除满。四者相合，开胸顺气，行气消胀，散结止痛。用于治疗气机不调，胸膈胀闷，脘胀不适，甚则疼痛，食欲不振，大便不通等症。

4. 善用通络药

叶天士首先提出了“其初在经在气，其久在络在血”的久病入络学说，并制定了络病的治疗大法，“通血脉，攻坚垒，佐以辛香行气，是络病大旨”。药用虫蚁飞走之属，并用辛香之品宣通气机。施今墨先生深谙此理，临证治疗时多用通络之品。如《祝选施今墨医案》神经系（卷三）脑出血中论述“脑出血症最忌用动药，唯血压下降后，亦可渐渐应用之，本方即用僵蚕、地龙、桂枝诸药，通达络道，如见效亦可加入活血药矣”“新绛、旋覆花为活血通络剂”“多用通达经络诸药”。又如《祝选施今墨医案》（卷四）食道狭窄中用“薤白通气络”治疗食道狭窄。在《祝选施今墨医案》（卷七）运动系急性多发性偻麻质斯云：“油松节能达关节各处；僵蚕、地龙、桑枝、新绛、旋覆花、秦艽，通络道舒展神经……独活寄生汤及白附子通调全身络道。”[51]

5. 治慢性病健脾补肾为大法

施今墨先生认为各种慢性病都表现脏腑受损，肾为先天之本，脾为后天之本，既是脏腑受损，补其先后天即是治其根本。脾肾受损，自不必论，如肺受损，补脾即培土生金之意，如肝受损，补肾即滋水涵木之意，如心受损，补肾则水火相济，补脾则以血养心。特别对于症状极为复杂，几乎五脏六腑都有病症表现，如何施治难下决断，采取补脾肾之法。则主要矛盾突出，次要矛盾消减，究竟何脏何腑受损即表现无遗，然后治其主要受损之脏腑，病即痊可。[53]

（二）临床常见疾病用药采撷

1. 高血压病用药

施今墨先生将高血压分为实性高血压和虚性高血压两种。

施今墨先生治疗实性高血压认为应本着一个“通”字。他认为高血压多由“血管细，血液集，血瘀潴，血凝泣”，头部血管充盈，他部血不流畅，上实下虚，盈亏失调，因之致病。……消除壅阻，非通不可。但通之不宜用动药，宜用静通之法。所以忌用动药者，以血压过分上升即是动，故不可再用动药。静以制动，故以静通以胜之，去有余，补不足，即是通。……故治高血压病，一般均不宜用动药如芎、归之类。须引之下行，如牛膝、茺蔚子之类，顺而导之，使血压不致上升，则脉络贯通，上下之血液均衡，血压自然恢复正常。若头部血管充盈难减，可暂用重坠之品，如磁石、赭石、石蟹、铁落、石英之流，以镇之下降，使病势稍稳后，仍以柔肝为主。实性高血压，如见精神昏愦、面红颊赤、二便秘结等症状，可施以折逆法，用苦寒降药如龙胆草、夏枯草、黄芩、黄连、栀子、黄柏等味，常用三黄石膏汤为主方。但苦寒之药不宜久服，俟血压有下降之势，仍以静通为要……高血压病如无瘀血症状，不宜妄用活血破血之药，以防鼓荡血流，反致伤及已硬化与狭窄之血管，而成血管破裂之弊。但脑出血之后，血管内有凝瘀，则须参用活血祛瘀之药以通之。又有加厚血管壁能力的胶类药也不宜轻用，否则血液通行益受塞阻，于病更为不利。

2. 呼吸系统疾病用药

施今墨先生认为，呼吸系统诸病，一般多由外感引起，初发病时要详辨表里。由外感而引起者，均应先解表邪；内郁热而外感风寒者，也属常见，其治法必须既解表寒，又清里热。施今墨先生尤其注意表里比重而定治法（如前所述七解三清、六解四清等），诊病须分清层次，治疗要有步骤。

施今墨先生治疗呼吸系统病有两忌：一忌过早用寒凉黏腻药，如生地、玄参、麦冬、三黄及知母、石膏之类，常致引邪入里，病无出路，一误再误必伤正气，热愈炽，邪愈盛，关愈紧，病愈重，终至不可收拾，此乃闭门逐寇之故。二忌过早用收敛滋腻药，如贝母、款冬花、阿胶、沙参之类，早用反致久咳难愈。

施今墨先生对于治疗犯了以上两忌者，也有补救措施。对于过早使用寒凉药品，使邪无出路、内热更甚者，用少量麻黄引邪外出，再伍以黄芩则内热亦清，清解之技巧即在于此。对于过早使用黏腻药品，导致邪无出路，每每下午发热者，最宜用炒黑芥穗，将邪由血分引到气分，使之外出，发热可退。若过用黏腻寒凉药，使内热不得清解而致神志昏、热不退者，宜用紫雪丹、局方至宝丹或安宫牛黄丸治之。

施今墨先生治疗咳嗽气喘可归纳为宣、降、润、收四法，临证可随机变法应用，如宣降、润收合用等。

（1）宣法：咳嗽初起，表邪未解，肺气不宣，症见咳而咽痒，痰少色白，予以宣肺止咳。用白前、前胡、紫菀、桔梗等，寒加麻黄、桂枝，热加桑叶、桑白皮。

（2）降法：表邪已解，咳嗽未愈，痰多气急，肺胀喘满，气逆上冲，当用降法。如三子养亲汤、葶苈大枣泻肺汤、二陈汤等。

（3）润法：干咳无痰或久咳不止，或阵咳痰少，肺经燥热，可用润法。方如保和汤、瓜蒌贝母散，药用天麦冬、知母、贝母、瓜蒌、花粉、百合、阿胶、陈皮等。

（4）收法：久咳后咳而无力，或单声咳伴短气，或咳喘已愈，予以善后当用收法。用百合固金汤、贝母散（贝母、知母、款冬花、五味子、杏仁），可加南北沙参、冬虫夏草、玉竹等。

3. 糖尿病用药

施今墨先生认为糖尿病的症状，相当于中医的消渴病。辨证以虚、实、寒、热为主，临床上以虚证、热证为多；实证、寒证较少。虚证又有阴虚、阳虚之别，尤以肝肾阴虚最为常见。因为乙癸同源，相火内炽，肝肾阴虚，虚热妄炎，上则渴饮无度，津液亏竭；中则消谷善饥，肌肤瘦削；下则饮一溲二，面黑耳焦。所以患消渴者，即其体内水火不相协调，火炎于上，水泛于下，上火下水，已成火水未济之象，所以治疗应导火以纳于下、滋水之源以升肾阴。昔贤治消渴每于甘寒苦寒之中，佐以辛润芳香之品，此即导纳之意，亦即开结之法。故治消渴，欲求火降须开结，欲求回津应补肝肾，阴阳协调，水升火降，以成既济之功，亦免痈疽之后患。

施今墨先生认为，糖尿病热证较多，尤以虚热最为常见。其临证用药有以下特点：

（1）实热证，当以三黄石膏汤为主方。折其炎上之势；并常佐以西洋参，仿人参白虎汤之意。西洋参除养阴生津外，并能帮助其他药力，配伍增强，是一方面治病，同时又兼顾本元。黄柏不宜多用，防其泄肾气之弊。

（2）虚热证，宜用白芍、五味、生地、麦冬、玄参等药，甘酸生津，且能除热。糖尿病之渴饮无度为伤津之象，习用增液汤合生脉饮加石斛等药。

（3）饮一溲二多为肾阴亏损之证，宜用汁多腻补之品，如黄精、玉竹、山茱萸、枸杞、肉苁蓉、菟丝子、续断、熟地之类。至于补肾阳之药，如巴戟天、破故纸、干姜、附片等慎勿轻用。但属于阴寒证者，则用桂枝、附子及青娥丸等，方能奏效。然必须辨证准确，用之始当，以其属于阴寒证之病例较少。

（4）减除尿糖，常用黄芪与山药为伍，绿豆衣与薏苡仁为伍。黄芪入手足太阴气分，补虚止消渴，前贤用之甚多；山药入足太阴、阳明，补脾阴之力强；两药入肺、脾二经，相互配合，功能益彰。绿豆衣清凉止渴，能解毒，益胃肠；薏苡仁甘微寒，健脾胃，性能燥湿；两药合用既能除胃肠所蕴热毒，且益脾胃，奏效颇速。

（5）减除血糖，常以苍术与玄参为伍，杨士瀛称苍术“敛脾精不禁，治小便溺浊不止”，可使脾之精气渐固，开中焦郁结，饮食入胃是以运化，生津生血，不致漏泄，则血中糖质当然减少，而并非消除血糖也。苍术性虽辛燥，但伍以玄参滋肾养阴，两者相伍，可制其偏。

（6）方中加猪、鸡、鸭胰子等物，与西医治糖尿病注射胰岛素之意同。

（7）在滋阴药中常用人参、黄芪，是在阴性药中少加阳性药，使协调阴阳，其效益彰。

4. 治疗胃溃疡用药

施今墨先生认为胃肠病临证以“脾胃虚证、寒证较多，实证、热证较少；但初病者易见实热，久病者常见虚寒”。其治疗消化性溃疡以温、补、和、降为主，常用方剂有香砂六君子汤、附子理中丸、丹参饮、活络灵效丹、左金丸、旋覆代赭汤等。他还认为“凡黑烧诸药，均可中和酸液，苦味药亦能消酸”“酒炒生熟地可治胃溃疡，为近世之新发现，其功用为止血止呕，促患处结瘢”“紫河车、蚕茧炭所含纤维素极多，功能使溃疡处愈著，亦为新近所发现”。① 故治胃酸多用炭类药，促进溃疡愈合使用紫河车、生熟地、蚕茧炭等。

① 见《祝选施今墨医案》（卷四），13－14 页。

第六篇 大爱泽世 无私献方

人类在未能完全控制自然的时代，一般年过四十、五十，就逐渐发生衰退现象。抗老返青，必须采取如农业增产不断积肥追肥的方式，补养自身新生的机能，主要在补固精气，保护脏腑。只要精气不散，脏腑不损，天年未尽，便无死理；即便生机已尽，也可无病而逝。

——施今墨

施今墨先生平生擅长治疗呼吸病、脾胃病、消渴病、痹证等内科病和妇科疾病，晚年致力于中药抗老强身方面研究。1959 年的一次中医中药展览会上，施今墨先生献出了治疗胃溃疡、十二指肠溃疡、高血压、神经衰弱、肝硬化、肝脾肿大、气管炎等十大验方，成为一时之佳话。十大验方中的高血压速降丸、神经衰弱丸、感冒丹、气管炎咳嗽痰喘丸、皮肤病血毒丸被制为成药，在每年的广州交易会上为国家换汇上百万美元。在国庆 10 周年之际，献出 5 个抗衰老药方，1962 年，他又献出上百个验方，均为国家所收藏。[12]

“医之为业，为人而非为己也，故不可耽安逸，不可邀名利，但以救人为本务，除保存人之性命，治疗人之疾病，解除人之痛苦外，更无所事事”，施今墨先生大爱献方，旨在福泽黎民百姓，拳拳赤子心，悠悠报国情，彰显了一代国医的家国情怀和责任担当。在此，在众多的献方中采撷施今墨先生的经典方药，以飨读者。

一、益肾强身丸和防衰益寿丸

自古以来，健康长寿是人们的美好愿望，人类孜孜不倦地探寻长生不老之术的历史源远流长，几乎与人类的文明并驾齐驱。

（一）抗老延年方药研制渊源

“圣人不治已病治未病，不治已乱治未乱”，养生保健、抗老强身是中医治未病思想的重要体现，在生活水平日益提高的今天，备受百姓推崇。20 世纪 50 年代初，施今墨先生受到罗马尼亚用注射“奴佛卡因”来抗衰老讯息的影响，认为中国医药宝库中，蕴藏着极为丰富的抗老理论和方药，应该研创出中国独特的抗老延年方药，为世界人民服务。

中医典籍中，很多都记载过人类寿命应能达到“百岁”，如《黄帝内经·素问·上古天真论》中说：“上古之人，春秋皆度百岁而动作不衰。”中国古代精通医药的大师，享年多在百岁以上。《后汉书·华佗传》说：“佗年且百岁，而犹有壮容。”《旧唐书·孙思邈传》说：“思邈年在百岁以上，神采甚茂。”施今墨先生认为探讨延年益寿有效方药，必须以祖国医学之基本理论为指导，遵循“法于阴阳，和于术数，食饮有节，起居有常，不妄作劳”的养生法则，就可以“形与神俱，而尽其天年，度百岁乃去”，达到抗衰老的目的。

施今墨先生参阅中医典籍及道、佛、儒等百家养生之道，用其毕生的临床经

1965 年冬，拍于宣武区牛街吴家桥三条 5 号的李时霖家中

左一：邵力子（民革中央委员、人大常委、政协委员）　左二：施今墨（政协委员、四大名医之一）　左三：李时霖（站立者）　左五：爱新觉罗・载涛（人大代表、民革中央委员、爱新觉罗・载沣的弟弟、溥仪的叔叔）

验，精巧布阵、遣药组方，研究出“补固精气方”（即益肾强身丸）和“保护脏腑方”（即防衰益寿丸），配合应用达到抗老防衰、强身保健目的。

施今墨先生自费配制出丸药，除自己服用外，还分别赠给自愿服用此药的朱蕴山、何香凝、张钫、王季范、李根源、熊瑾玎、仇鳌、冯友兰、孙伏园等二十余位友人试服了半年以上。大家一致反映服用后，精力充沛，睡眠安稳，食欲好转，二便通畅。除个别人服用后有偏燥热感觉（减量后燥热能消失），其他人无任何副作用。1960 年，辛亥革命元老、著名爱国人士张钫先生自愿服用施今墨先生研制的抗衰老药物后，在书信中写下了亲身感受，建议推广生产此药，“普遍制造以嘉惠老人”，这封书信被施今墨先生之子施小墨保存至今。[54]

有了试服的根据，施今墨先生在 1959 年的中国人民政治协商会议第三届全国委员会第一次会议上，做了《关于抗老强身的科学根据、社会基础和医药方案》的发言，提出“关于保护老年人健康”的提案，为后续的中医药保健事业点燃了一盏明灯。

施今墨先生认为衰老是生命过程中肾中精气不断耗损、五脏虚损、气血阴阳亏虚的本质，根据“神气精血之充沛，脏腑功能健运，经络气血调达，为抵抗衰老之原则”，总结出“抗老返青，必须采取如农业追肥的方式，补养自身新生的机能，主要在补固精气，保护脏腑。只要精气不散，脏腑不损，天年未尽，便无死理，即使生机已尽，也可无病而逝”①。制定了五个抗衰老药方：补固精气的正副药方各一个，保护脏腑的正副药方各一个，更为便利广大人民服用易于普及起见，制就综合简化的药方一个。作为庆祝国庆十周年的献礼，施今墨先生把这五张方子献给国家，希望此药方可以普及全民，提高全民健康。

施今墨先生也经过初步验证，证实药力充盛而温和，绝无反作用。老年人服用，可以使身体逐渐发生新的变化，变多病为健康，变衰退为强壮。但是由于原材料成本较高、生产工艺复杂，随即又赶上三年自然灾害等一系列客观原因，施今墨先生想要将这种抗老延年的养生延年药推广到寻常百姓家的愿望却迟迟未能实现。

1982 年，补固精气方（即益肾强身丸）和保护脏腑方（即防衰益寿丸）由北京市医药总公司指定北京同仁堂负责试制生产，1986 年 10 月由北京市医药总公司和北京同仁堂主持召开了两种成药的科研成果鉴定会。

会上由北京同仁医院的代表做了临床验证和机理探讨及总结，天津医学院的代表做了果蝇等动物抗衰老试验的总结，北京同仁堂制药厂做了药理及质量标准的报告。结论为：

1）两药对小鼠有抗疲劳、耐缺氧和升高血红蛋白作用，对果蝇可明显地延长平均寿命。

2）临床验证服用两药一年以上，未见不良反应，并验证对老年期气虚证患者的心脏收缩间期及超声心电图检查异常参数明显好转。不仅可使心脏症状改善，而且椎基底动脉供血不足现象也显著减轻，同时可使血胆固醇和 β 脂蛋白明显下降。对于老年人虚证高血压患者，可使血压轻度下降，心功能改善，可使甲皱微血管血流障碍得到显著改善。

3）内控质量标准是可行的，可以作为药厂生产的依据。

参加会议的中国医学科学院、中国协和医科大学、中国人民解放军总医院、北京大学、中国中医研究院、北京中医医院、北京药品检验所、卫生部（现卫健委）北京老年医学研究所等单位的代表一致肯定：益肾强身丸和防衰益寿丸，经试验和临床科学研究有显著的抗衰老作用。把中医传统理论并运用临床观察和试验方法结合，探讨中药作用机理，是中药走向现代化和科学研究中成药的重要

---

① 引自 1959 年施今墨在全国政协第三届一次会议上的发言稿。

途径。

1987 年施今墨先生抗衰老药的讯息，受到北京大学生物系戴尧仁教授的关注。他们进行了动物试验，并将研究成果写成《施今墨抗衰老方制备液对小鼠脑和肝 B 型单胺氧化酶活性及果蝇寿命的影响》的论文，在《中西医结合杂志》1987 年第 7 卷第 4 期发表。该文结论为："施今墨方在临床上是可以应用的。""施今墨方对动物的正常生长无不良影响。"施今墨方制备液能使果蝇平均寿命延长 20%，相当于人类 15 年的寿命。

施今墨先生的方为什么在临床和实验室都能验证出良效，首先与配方的独特和合理有关：

1）人的精气神血是生命的物质基础。人类脏腑功能的正常，又是维持生命新陈代谢的保证。益肾强身丸补精气，防衰益寿丸固脏腑，两者配合应用，相得益彰。

2）方中选用了中医古文献中记载有抗衰老作用的多种珍贵药材和具有食药两性功效的高级营养品：珍珠、首乌、人参、龟鹿二仙胶、黄精、紫河车、冬虫草、鹿筋、海参、淡菜、鱼肚、银耳、三七、核桃、黑豆、芝麻等具有食药两性之品。

3）除补益药外，施今墨先生极为重视人的脾胃功能，认为只有脾胃功能好，药物才能被吸收，因此两方中都加有健脾和胃药物。

4）两药制方科学，配伍巧妙，所选药物药性平和，不含任何金石化学药品，保证常年服用，无任何毒副作用。

5）对服法、服量也有严格的讲究，如早服益肾强身丸，晚服防衰益寿丸。中年体壮或青年体弱者开始每次服 10 粒，逐渐增至 20 粒，不可多服；50～60 岁每次服 15～20 粒，60～70 岁每次服用 20～30 粒，70 岁以上每次服 30～40 粒，或遵医嘱。

6）针对服用后的反应也有明确地说明，如：服量应由小剂量开始，逐渐增加至规定量，以服后无口干舌燥为准。春及夏季服量可减少 5 粒，连服一年，不宜间断，以后每年冬季服三个月。外感停服，口干舌燥，痔漏出血应减少服用。

按理说经过这样多医学权威单位的试验和鉴定，都为施今墨先生抗衰老药走向市场、造福人群打下了良好基础。然而由于配方药物众多，含有珍贵药和天然食品如海参、淡菜、鱼肚、鹿筋等，加工工艺标准高，和当时人们对抗衰老保健意识尚不成熟，使得二次上市又没有成功。

北京同仁堂于 2004 年把施今墨先生抗衰老配方——益肾强身丸和防衰益寿丸重新推向市场。两方属于古方大剂模式，药味偏多，涵盖了来自宫廷医学中收载的清宫八仙糕、固本仙方、长春益寿丹、五芝地仙金髓丹等诸多益寿防衰的方药，两方用药考究，选材珍贵，工艺制作要求高，炮制程序繁琐。益肾强身丸和防衰益寿丸确实具有雍容华贵之宫廷医学与同仁堂中药文化底蕴的交融、引申与传承，昔日贡奉宫廷，而今走进普通百姓视野，为人民大众健康服务。

从学术角度分析，施今墨先生从浩瀚而又独特的中医养生保健医学中，由博返约，取其精华，抓住机体虚弱、衰老等病理生理关键环节，高度概括为阴阳气血失调。为此，坚持调节阴阳、调理气血之大法，以整体观念为指导从根本上调节机体的病理生理状况。正如《内经》所说“谨察阴阳所在而调之，以平为期”，以此，确立了益肾强身丸和防衰益寿丸的理论基础。多年的临床试验也证明两药不但可以延缓衰老，而且适用于多种老年相关性疾病、疑难病以及亚健康状态的早期干预，使之向健康状态转化，从而更加凸显施今墨先生“治病求本”与善“治未病”的“上工”名家风范。

施今墨先生的两个抗衰老方，经初步验证（实验和临床）可以说是一个有前途的好药。然而它经过了20世纪50年代的提出、80年代的失败和今次再次登上市场，三个阶段，长达半个世纪，说明科技成果推出的艰辛。它既要有适合产品推出的大气候（人民生活水准的提高和对保健养生的需求），又要有企业家的眼光和魄力，经过坚持不懈的努力（生产、科研、市场多方面），相信只要是精品，工艺严格，保证质量，价格合理，就一定能受到广大人民群众的欢迎。

人类基因的破解，克隆技术的成功，人类在探索自身秘密的道路上不断前进。作为杏林中人，我们有责任挖掘祖国传统医药宝库，结合现代高科技手段，攻破人类长寿的科研难题，为人类健康造福。长生不老是违反自然规律的，但健康无病，终其天年则完全可行，应该引为医药工作者的责任。

（二）方药组成　组方特点

益肾强身丸和防衰益寿丸采取全面补益，并不像大多抗衰老方剂仅拘泥于肾虚、气虚等单方面的补益，而是取百家之长，以补各病之虚，调和机体阴阳平衡，补益五脏六腑，是抗衰老方剂的大成之作。益肾强身丸方药匠心独运，配伍精当，重点使精、气、神、血恢复平衡，防衰益寿丸所选药物重点是对脾肾的培补，抓住调和阴阳这个根本，以达“阴平阳秘，精神乃治”是抗衰老疗效的关键。早晚配合，形成了一对中成药，一个补气血，一个健脏腑，各有侧重而又协同增效，也是施今墨先生对药思想的临床体现，也实现了施今墨先生提出的“只要精气不散，脏腑不损，天年未尽便无死理”的抗老理念。

1. 益肾强身丸

益肾强身丸是施今墨先生“对药”理论的经典名方。方中共有20味中药材，功能填精髓、养气血、调脏腑、固本元。此方采用七组对药：芡实与山药，健脾益气，调补脏腑；黄精与熟地黄，填补肾精；珍珠与琥珀，清热凉血，安神定志；何首乌与黑芝麻，补肝肾，益气血；茯苓与黄芪，健脾益气；天门冬与麦冬，滋阴润肺；紫河车与西洋参，补气血，养阴益精，有提高免疫力的作用。

（1）熟地、紫河车、黄精、何首乌为君药。其中熟地，甘、微温，归肝、肾经，为补益肝肾之要药，不仅能滋阴养血，又能生精补髓，如《本草纲目》称其能“填骨髓，长肌肉、生精血、补五脏内伤不足”，精血是人体的基本物质，故有培补下元、益精固本之效；紫河车，味甘、咸，性温，归肺、肝、肾经，功能补气养血益精，本品为血肉有情之品，性温而不燥，也有助阳之效，为补益气血，填精益损之佳品，如《日用本草》称其能“治虚损劳极、癫痫、失志恍惚，安心养血，益气，补精”，适用于肾精不足见有腰酸腿软，脑力减退，失眠健忘等症；黄精，味甘、性平，归脾、肺、肾经，能补脾益脾阴，兼有润肺燥，益肾精之功，如《本草纲目》称其“补诸虚，止寒血，填精髓”，可用于脾胃虚弱，肾虚精亏；何首乌，味苦、甘、涩，性微温，归肝、肾经，炙用补肝益精血，兼能收敛精气，性微温而不燥，补精血而敛精气，补而不腻，如《药品化义》称其能“益肝，敛血，滋阴，治腰膝酸软，筋骨酸痛”，《滇南本草》称其能“涩精，坚肾气”；四者同伍而为君药组，突出本方益肾填精，补气养血之功效，适用于肾精不足，气血两虚，腰酸腿软，疲乏无力，须发早白等症。

（2）黄芪、山药、茯苓为臣药。其中黄芪，味甘，微温，归脾、肺经，能补气升阳，摄血，固表止汗，常用于脾气不足，肺气亏虚之证，对于气虚血滞证，又能益气而行滞；适用于全身乏力，胸闷、气短等症，对于血虚津亏证，又能补气生血，生津止渴，为补气之良药，如《日华子本草》称其“助气，壮筋骨，长肉补血”；山药，味甘，性平，归脾、肺、肾经，既能补气又能养阴，为平补脾、肺、肾三经之药，对于肾虚腰酸、腿软、遗精、小便频数用之相宜，如《日华子本草》称其“主泄精、健忘”，用之可以健脾补肾，固精缩尿，茯苓，味甘、淡，性平，归心、脾、肾经，本品甘平健脾，淡渗利水，且能宁心安神，如《日华子本草》称其“补五劳七伤，安胎，暖腰膝，开心益智，治健忘”。三者合用，加强君药健脾益气，补肾固精之效，侧重于补后天以养先天，升阳固精，益气培本。

方中胡桃仁、黑芝麻、黑豆也为臣药。其中胡桃仁，味甘，性温，归肾、肺经，为补肾温肺、润肠之品，功能助肾阳，强腰膝，且能润肠通便，对于老年人津液不足，肠燥便秘者用之相宜，如《本草纲目》称其“补气养血，润燥化痰，益命门，利三焦，温肺润肠”；黑芝麻，味甘，性平，归肝、肾经，功能补肝肾，益精血，又可润燥滑肠，如《本经》称其“补五脏、益气力、长肌肉、填脑髓”适用于肝肾精血亏虚，须发早白，肠燥便秘等症；黑豆，味甘，性平，归肝、肾经，功能补肾，益肌肤，且有解毒之功，《本草纲目拾遗》中称其能“壮筋骨，止盗汗，补肾活血，明目益精”。三者同伍，辅助君药加强补肝肾，强腰膝，壮筋骨，且能润肠通便，使之补而不滞，补益之中又有润燥通便之效。

(3) 天冬、麦冬、玄参为佐药。其中天冬，味甘、苦，性大寒，归肺、肾经，功能滋肾阴，清肺火，润燥滑肠，如《本草纲目》称其“润燥滋阴，清金降火”；麦冬，味甘、微苦，性微寒，归肺、心、胃经，可清养肺、胃之阴而润燥生津，且清心除烦、润燥通便，如《别录》中称其能“强阴益精，消谷调中，保神，定肺气”，《珍珠囊》称其能“治肺中伏火，生脉保神”；玄参，味苦、咸，性寒，归肾经，功能滋阴降火，养胃生津，且有解毒作用，用于肾阴不足，虚火上炎、咽痛等症，如《纲目拾遗》称其“清胃除虚热，生津已劳损，以之代茶，开胃健脾”。天冬、麦冬、玄参三者同伍，扶佐君药滋阴益胃，生津润燥，不但脾肾双调因其药性偏寒又有反佐之意，以防全方温补太过，寓意颇为巧妙。

方中芡实、侧柏叶也为佐药。其中芡实，味甘、涩，性平，归脾经，本品味甘补益，味涩固敛，既能扶脾气又能益精气以固下元，《本草求真》称其“功与山药相似，然山药之补，有过于芡实，而芡实之涩，更有胜于山药，且山药兼补肺阴，而芡实则止于脾肾”，方中使用芡实，不但能辅佐山药补脾气，又能辅佐其他补肾之品固涩肾精；方中侧柏叶，味苦、涩，性微寒，归肺、肝、脾经，本品苦能燥湿，涩能收敛，微寒清热，不但能凉血收敛，且能扶佐何首乌用于肝肾不足须发早白之症。芡实、侧柏叶两者配合，扶佐君臣等药补脾气，固肾精，补涩结合，事半功倍。

方中珍珠、琥珀、龙骨也为佐药。其中珍珠，味甘、咸，性微寒，归心、肝经，功能镇心定惊，又能清肝明目，清热解毒；琥珀，味甘，性平，归心、肝、肺、膀胱经，功能镇心安神，行血散瘀，因其甘淡入肺，能使肺气下降，通调水道，如《别录》中称其“安五脏，定魂魄，消瘀血，通五淋”；龙骨，味甘、涩，性平，归心、肝肾经，本品重可镇怯，涩可固脱，并能潜阳，适用于肝阴不足，虚阳浮越，脑力减退，失眠健忘、头晕目眩等症。珍珠、琥珀、龙骨配合，扶佐君药加强镇心安神，行血散瘀，益肾固精之功。

(4) 大枣、大青盐为使药。其中大枣，味甘，性温，归脾、胃经，不但能补中益气，养血安神，而且能缓和药性引药归脾、胃经；大青盐其味咸润下，引药入肾，直达病所。大枣、大青盐配合引群药入脾胃、肾经，发挥更好的协同作用，均为使药。

全方共奏益肾填精、补气养血之功，适用于肾精不足，气血两虚，胸闷气短，失眠健忘，腰酸腿软，全身乏力，脑力减退，须发早白等证。本方配伍精专，脾肾兼顾，补而不燥，滋而不腻，益气之中又有升阳，养血之中又有活血，益精之中又有固涩。从本方的配伍组合来看，施今墨先生不但善用益肾填精、补气养血之品，而且寓意精以涩为固，气以升为补，血以活为补的理论发挥。

2. 防衰益寿丸

防衰益寿丸共有 59 味中药材，滋阴助阳，培元固本，体现施今墨先生辨证用药对于传统中药大剂布阵遣药、丝丝入扣的驾驭之功力。

（1）人参、熟地、鹿角、冬虫夏草为君药组。其中人参，味甘、微苦，性微温，归肺、脾经，功能大补元气，“元气起于肾，上及于肺”，是人生根本之气，脾为生化之源，肺为主气之脏，元气旺盛则肺脾之气充足，故为治肺脾亏虚之要药，适用于面色无华、心悸怔忡、气短懒言、神疲乏力等症，根据中医阳升阴长之说，益气又可生血、生津，适用于血虚津亏、精神不安，失眠健忘，头目眩晕等症，如《药性本草》所说人参“主五劳七伤，虚损瘦弱，止呕哕，补五脏六腑，保中守神……”熟地，甘、微温，归肝、肾经，不仅滋阴养血，又能生精补髓，故为培补下元、益精固本之要药，常用于肾阴不足所致腰膝酸软、五心烦热、盗汗消渴，肝血虚亏，面色无华，头目眩晕，妇女月经不调等症；鹿角，味甘，性温，归肝、肾经，《本草纲目》称其“熟用则益肾补虚，强精活血”，补肾阳，强筋骨；冬虫夏草，味甘，性平，归肺、肾经，既补肺阴，又益肾阳，为阴阳双补之佳品，适用于肺阴虚，动则作喘、善太息，以及肾阳虚见有畏寒肢冷、小便频数或夜尿频等。人参、熟地、鹿角、冬虫夏草合而为君药组，突出滋阴助阳，阴阳双调，培元固本的主要功能。

（2）龟甲、山茱萸、枸杞子为臣药。其中龟甲（又称龟板），味咸、甘，性寒，归肾、心经，为滋阴益肾、养血补心之品，滋阴可以清热，可用于五心烦热、盗汗、遗精等症，滋阴潜阳，适用于阴虚阳亢，头目眩晕，也可养血补心，用于心悸怔忡，健忘失眠多梦；山茱萸，味甘、酸，性温，归肝、肾经，既能补益肝肾，滋养精血，又能秘藏肾精，固摄下元，如《医学衷中参西录》中所说“山萸肉味酸性温，大能收敛元气，振作精神，固涩滑脱”；枸杞子，味甘，性平，归肝、肾、肺经，为滋补肝肾明目之佳品，适用于肝肾阴虚所致头晕目眩，视力减退，腰膝酸软，虚劳咳嗽。龟甲、山茱萸、枸杞子同伍，加强君药，滋补肝肾，养血补心，固摄下元之功。

方中黄芪、白术也为臣药。黄芪，味甘，性微温，归脾、肺经，能补肺脾之气，又能升举阳气，补气摄血，固表止汗；白术，味甘、苦，性温，归脾、胃经，功能健脾益气，燥湿利水，适用于脾虚便溏、泄泻等症。黄芪、白术并用，加强君药健脾补气、升阳固表之功，卫表固护足以抵御外邪入侵，培元固本之功倍增。

方中鹿筋、菟丝子也为臣药。其中鹿筋，性温，味淡、微咸，归肝、肾经，功能壮筋骨、治劳损，《本经逢原》称其“大壮筋骨，食之令人不畏寒冷”；菟丝子，味辛、甘，性平，归肝、肾、脾经，本品既能助阳，又能益精，不燥不腻，且有固精缩尿明目之效，适用于肝肾不足所致腰膝酸软，阳痿、小便不禁、尿有余沥及脾虚便溏等症。鹿筋、菟丝子共同加强君药助阳、固精，补肝肾、壮筋骨之效。

方中女贞子、旱莲草也为臣药，二药同伍为二至丸，加强君药补肝肾，益阴血之功，适用于肝肾阴虚，眩晕耳鸣，失眠多梦，腰膝酸软等症。

（3）银耳、淡菜为佐药。其中银耳，味甘、淡，性平，功能滋阴润肺，养胃生津，治虚痨咳嗽，虚热口渴；淡菜，味咸，性温，归肝、肾经，功能补肝肾，益精血。银耳、淡菜均为药食共用之品，能辅佐君药补肝肾，益精血，滋阴润肺，以妨温补伤阴之弊。

方中柴胡、枳壳、沉香、陈皮也为佐药。其中柴胡，味苦，性平，归肝、胆经，本品芳香疏泄，可升可散，本方取其疏肝解郁与升举阳气之功效；枳壳，味苦，性微寒，归脾、胃经，本品苦降下行，长于理气宽胸，消胀除痞，与柴胡相伍，疏肝理气，宽胸消胀；沉香，味辛、苦，性温，归脾、胃、肾经，本品芳香辛散，温通祛寒，行气止痛，如《本草通玄》称本品“温而不燥，行而不泄，扶脾而运行不倦，达肾而导火归原，有降逆之功，而无破气之害”，故为理气之佳品；陈皮，味辛、苦，性温，归脾、肺经，本品辛散苦降，温和不峻，芳香醒脾，长于理气健脾，和胃燥湿。柴胡、枳壳、沉香、陈皮合用，扶佐君药疏肝理气，降逆和胃，宽胸消胀，在大队补益品中，佐以行气降逆之品，以防补而壅滞之弊。

方中牛黄、黄芩、黄连、黄柏也为佐药。其中牛黄，味苦，性凉，归心、肝经，其气芳香，既有凉肝息风定惊之效，又有清心开窍豁痰之功，本方取其清心、开窍、醒神之力，用量虽小，却有点睛之妙；黄芩，味苦，性寒，归肺、大、小肠、脾、胆经，功能清热燥湿，泻火解毒；黄连，味苦，性寒，归心、脾、胃、肝、胆、大肠经，本品大苦大寒，清热燥湿，为治湿火郁结之要药；黄柏，味苦，性寒，归肾、膀胱经，清热燥湿，长于清泄肾经相火。黄芩、黄连、黄柏同伍反佐君药以清上焦、中焦、下焦湿毒之火，连同牛黄均为寒凉之辈，以妨温补助火之弊。

方中龙眼肉、石菖蒲、远志也为佐药。其中龙眼肉，味甘，性平，归心、脾经，功能补心脾、益气血，既不滋腻，又不壅气，常用于心脾两虚，见有心悸、怔忡、健忘、失眠、多梦等症；石菖蒲，味辛、苦，性温，归心、肾、肺经，本品芳香开窍醒神，宁神益智；远志，味辛、苦，性温，归心、胃、肺经，本品辛散、苦泄、温通，能助心阳、益心气，又能使肾气上交于心，以交通心肾，故有安神益智之效。龙眼肉、石菖蒲、远志同伍，扶佐君药益心气，养心血，安神定志，交通心肾，开窍醒神。

方中丹参、三七也为佐药。其中丹参，味苦，性微寒，归心、肝经。功能活血通经，清心除烦，《妇人明理论》又称“一味丹参散，功同四物汤”，本方取其养血凉血，活血通经之效；三七，味甘、微苦，性温，归肝、胃经，功能活血散瘀止血，两者同伍辅佐君药养血凉血，祛瘀生新，活血通络。

（4）大枣、甘草共为使药，既能补脾益气生血，甘草又能调合诸药。其他尚有31味药，均能按照配伍原则与施老的经验归类（因药味过多暂略）。

全方配合共奏滋阴助阳、培元固本之功，用于脏腑机能失调，气血阴阳俱损，见有面色无华，心悸怔忡，气短懒言，神疲乏力，动则作喘，喜出长气，畏寒肢冷，失眠健忘，多梦，五心烦热，盗汗或自汗，头目眩晕，令欲不振，便溏或便秘，月经不调，小便频数或夜尿多。本方药多而不杂乱，可称为“善补阴者，从阳补阴，善补阳者从阴补阳”，为阴阳双调、培元固本，脾肾兼顾，水火既济补益剂之范例。

总之，益肾强身丸和防衰益寿丸的组方特点为精、气、神、血、脏、腑同补，延缓衰老重在补血固精，药物配伍旨在动静互济、寒温合化、心肾独重等相互调剂，体现了中医整体观点和中年筑基防老的学术思想。[55]

从益肾强身丸和防衰益寿丸的组方用药分析，方中共选用70味中药材（两方重复用药8味和大青盐除外），全部来自《神农本草经》的上品，其中人参、冬虫夏草、鱼鳔、海参、阿胶、黄精、鹿角、鹿筋、龙眼肉、银耳等多被中医文献记载为具有抗衰老作用。另外，益肾强身丸和防衰益寿丸包含了古代抗衰老方剂中出现的高频药物中的诸多药味，共涉及补阴（14味），补阳（11味），补气（7味），补血、收涩（各6味），清热、安神、理气（各4味），止血（3味），平肝息风、温里、开窍（各2味），利水渗湿、泻下、解毒、活血、化湿剂（各1味）。归经涉及五脏多腑，充分体现了调节阴阳、调理气血、温凉并用，补泻兼施、安五脏以补肾为主的组方原则与和谐健康的学术观点。

（三）现代研究

随着中药现代化研究，中药的作用机理不断被揭示，有些已经是从基因组学或蛋白质组学的水平进行研究，对它们的相关研究也正在不断探索中，这也和施今墨先生提倡创新中医“中医之改进方法，舍借用西医有关生理、病理以互相佐证，实无别途”的理念吻合。兹摘录部分相关研究，归纳两方中一些方药的多种药理作用。

1. 药理作用

（1）提高机体免疫功能：包括增强和调节机体的免疫功能，其中对细胞免疫或体液免疫以及对干扰素系统都有促进作用，如人参、黄芪、茯苓、侧柏叶、山药、何首乌、天冬、麦冬、山茱萸、龟甲、菟丝子、女贞子、柴胡、党参、枸杞子、玉竹、三七、地黄、黄柏、肉苁蓉、五味子、旱莲草、乌梅肉等。

（2）抗衰老作用：系指直接进行抗衰老实验研究及具有抗氧化作用，如黄芪、黑芝麻、黄精、珍珠、何首乌、补骨脂、菟丝子、女贞子、柴胡、远志、黄柏、黄芩、石菖蒲、五味子、甘草等。

（3）改善和保护心脏功能：包括增强心肌收缩力、抗心律不齐、改善左心室功能、抗休克等强心作用，如人参、茯苓、黄芪、黄精、珍珠、麦冬、当归、山茱萸、枳实、菟丝子、女贞子、玉竹、三七、地黄、石菖蒲、枳壳、陈皮、黄连、冬虫夏草、诃子肉、荜澄茄、甘草等。

（4）对冠状动脉、周围血管扩张、改善循环系统功能作用：如黄芪、麦冬、玄参、当归、龟甲、淫羊藿、枳壳、肉桂、三七、枳壳、丹参、旱莲草、黄精、天冬等。

（5）抗血栓、抗血小板聚集、改善血液流变学功能：如黄芪、玉竹、三七、地黄、丹参等。

（6）促进蛋白质代谢、滋养强壮、抗疲劳作用：如黄芪、人参、沙苑子、玉竹、巴戟天、芡实、黑豆、淡菜、龟甲、海参、鹿筋、龙眼肉。

（7）保肝、改善造血功能作用：如人参、茯苓、黑芝麻、大枣、山茱萸、女贞子、黄芩、五味子、丹参、旱莲草、当归、龟甲、菟丝子、阿胶、党参、枸杞子、三七等。

（8）降血糖作用：茯苓、黄芪、黑芝麻、黄精、山药、麦冬、人参、山茱萸、肉桂、女贞子、柴胡、玉竹、黄柏等。

（9）降血脂作用：黄芪、熟地、黑芝麻、黄精、何首乌、核桃仁、麦冬、人参、枳实、女贞子、柴胡、玉竹、松子仁、黄芩、丹参、陈皮等。

（10）降血压作用：如黄芪、熟地、天冬、淫羊藿、枳实、远志、枸杞子、三七、地黄、黄柏、黄芩、五味子等。

（11）抗癌、抗突变作用：如茯苓、珍珠、天冬、大枣、人参、山茱萸、肉桂、女贞子、柴胡、远志、三七、黄芩、黄连、旱莲草、冬虫夏草等。

（12）镇静、抗惊厥作用：如茯苓、侧柏叶、天冬、麦冬、玄参、大枣、龟甲、柴胡、远志、熟地、石菖蒲、丹参、旱莲草、冬虫夏草、肉桂、琥珀等。

（13）调节内分泌功能，包括对抗连续服用地塞米松后血浆皮质酮浓度下降、防止肾上腺皮质萎缩、促进肾上腺皮质激素合成、性激素作用：如熟地黄、菟丝子、枸杞子、鹿角、人参、紫河车等。

（14）促进消化功能包括抗胃溃疡、促进或调节肠蠕动、促进消化液分泌等作用：如肉桂、党参、砂仁、石菖蒲、茯苓、白及、枳实、沉香、柴胡、黄柏、枳壳、丹参、黄连、荜澄茄、甘草。

（15）抗病毒、抗菌作用：黄芪、当归、柴胡、荜澄茄、黄芪、侧柏叶、天冬、麦冬、山茱萸、沉香、肉桂、黄芩、石菖蒲、五味子、丹参、陈皮、旱莲草、乌梅肉、诃子肉、甘草等。

（16）改善肾功能作用：如丹参、熟地、冬虫夏草等。

（17）抗炎、抗过敏、包括降低血管通透性作用：如人参、三七、地黄、黄柏、丹参、黄连、龙骨、沉香、砂仁、黄芩、乌梅肉。

（18）其他尚有抗辐射作用黄芪、珍珠、柴胡、党参；利尿作用茯苓、黄芪、人参、地黄；收敛止血作用侧柏叶、龙骨、白及、旱莲草、三七等。

2. 靶向性研究

从中药归经分析，施今墨先生在益肾强身丸和防衰益寿丸用药上非常注意补肾护脾。肾为先天之本，脾为后天之本，调节脾肾之阴阳，即抓住了治病之本。如益肾强身丸 20 味药品中，有 12 味归肾经、8 味归脾经，足以说明施今墨先生的学术观点。

中医认为肾所藏之精源于父精母血的生殖之精，与生俱来，是构成胚胎发育的原始物质。肾精这一原始物质即先天之精，与现代医学描述的遗传物质（即基因组）具有一定的同一性，已有报道用基因组学对肾虚证进行其相关基因研究，发现用温补肾阳中药可以直接提高下丘脑促肾上腺皮质激素释放因子（corticotrophin releasing factor，CRF）的水平。这种运用阴阳调节的法则（采用中药），使上调的 FasL 下调，提高 CRF 基因转录与表达水平，改善下丘脑—垂体—肾上腺—胸腺（hypothalamic - pituitary - adrenal - thymus，HPAT）轴的受抑制状态，证实了肾阳虚证的调控中心定位在下丘脑，而且涵盖神经内分泌免疫网络，健脾药对免疫系统有直接的促进作用。[56,57] 以上述对衰老基因调控学说的观点，和近来有关“抗氧化剂复合链”自由基现代生物医学理论，和补益、补气、补血的中国传统中医学理论相结合，完成了从当归、丹参、黄芩等多种中药中，提取有效抵抗疾病和抗衰老成分（抗氧化剂）的研究，在中药现代化研究中取得新的突破；[58] 对有关四物汤能促进基因转录，调节骨髓蛋白质表达，并可由此促进造血细胞的生长和分化、发挥补血作用的研究报道，[59] 都可以充分揭示两方的中药现代化研究的品位与科学价值。

综上所述，两方方药具有明显的提高机体免疫功能、抗衰老作用、增强和保护心功能作用、扩张血管改善循环系统和微循环功能、保肝和改善造血功能、降血脂、抗癌、抗突变作用，以及促进消化和改善消化系统功能等主要作用。

3. 多糖成分的研究

从两方所用中药的成分分析发现含多糖成分的有茯苓、黄芪、熟地、黑芝麻、黄精、黑豆、天冬、麦冬、党参、枸杞子、白芍、甘草等。现代研究证明，多糖是生命有机体不可缺少的组成部分，御品方药中也有10多种中药含有多糖成分，有研究报道多糖的药理活性主要集中在抗肿瘤、抗突变、抗病毒、降血脂、降血糖、抗氧化、抗辐射和抗溃疡等方面。

4. 微量元素的研究

两方中含多种微量元素的有黄芪、黑芝麻、侧柏叶、黄精、龙骨、珍珠、核桃仁、麦冬、人参、当归、山茱萸、大枣、淡菜、龟甲、枳实、党参、枸杞子、莲子、地黄、海参、枳壳等。许多与老化相关性疾病、代谢综合征等，都与某些微量元素缺乏相关。例如硒可以防治癌症；铬可以有利于糖尿病的康复；铁可以有助于造血，铁缺乏可导致脑内的传导物质多巴胺生成减少，影响脑功能；锌是体内构成超氧化物歧化酶（superoxide dismutase，SOD）的成分，具有清除自由基的功能，锌能防止铝在脑沉积，有利于预防老年性痴呆；铜在抗衰老、保护皮肤及头发、防治流行性感冒和癌症等方面有一定的作用，人体内缺铜时，脑细胞中色素氧化酶减少，活力下降，使人记忆力减退、思维混乱、反应迟钝及步态不稳、运动失常，长期缺铜，就会造成动脉硬化，导致冠心病的发生。

5. 维生素的研究

在两方中有黑芝麻、黄精、山药、麦冬、人参、当归、山茱萸、白芍、柏子仁、五味子、龙眼肉、墨旱莲、冬虫夏草、珍珠等14味药中含多种维生素。维生素与微量元素是人体必需的营养素，它不但能维护身体健康、调节机体代谢和促进生长发育，而且与人的大脑活动密切相关。如维生素A、E、B、B_6、B_{12}、C等，都有利于脑细胞的生成，促进脑部血液循环系统的发育；维生素B_6缺乏可使脑血清素分泌下降，使学习能力下降，行动困难；维生素B_{12}缺乏，可以造成记忆力和学习能力下降，反应迟钝，烟酸缺乏时会导致记忆丧失、失眠、恐惧。[60]

6. 临床研究

临床试验研究发现，服用益肾强身丸和防衰益寿丸后，血胆固醇和脂蛋白明显下降，对延缓动脉硬化也有裨益，能够明显增加微血管血流速度，加强微血管的运动性和清晰度等，在一定程度上减低微动脉的阻力，使输入枝直径有所增加。对多种慢性病如性机能减退、脑梗死、慢性疲劳综合征等具有治疗效果且有效率高，同时长期服用无毒性，无明显过敏反应，不良反应发生率低，停药或减服后基本消失。

益肾强身丸和防衰益寿丸二次开发上市以来，有计划地进行了26个省市1089例的随访和总体评价，未发现明显的不良反应，安全性可靠。其中有效率大于80%的有慢性疲劳综合征、脑梗死、慢性肾炎或肾功能不全、更年期综合征、低血压、贫血或溶血性贫血等病种，除此之外有效率大于60%的有性机能减退、糖尿病、高脂血症等病种。总有效率为77.46%，与Ⅱ期临床试验的结果相近，其有效性是可信的。

7. 实验研究

现代实验研究也表明益肾强身丸和防衰益寿丸有一定的抗衰老作用。1971年，美国科学家Robison报道了单胺氧化酶（monoamine oxidase，MAO）活性与衰老的关系，许多学者相继做了类似的报道。认为45岁后单胺氧化酶活性的增加，之后证实MAO－B与年龄正相关，随年龄急剧增高，是衰老的主要原因。1987年北京大学生物系戴尧仁等通过对施今墨先生的抗老防衰药进行中药抑制MAO－B活性的实验研究，发现该药液可抑制小鼠脑中MAO－B活性达50%，而肝中MAO－B活性只有较轻微的抑制，果蝇寿命试验表明，该药液可延长果蝇平均寿命约21%，相当于人类15年寿命，并认为对动物正常生长无不良影响。从脑单胺类神经介质水平的调节角度部分地解释了施今墨先生方的抗衰老功效，认为“施今墨方在临床上是可以应用的”[61]。药学研究实验也表明，益肾强身丸和防衰益寿丸急性、亚急性动物实验均未发现任何毒性反应，对小鼠有抗疲劳、耐缺氧和升高血红蛋白的作用。对小鼠有一定的提高免疫功能作用和有一定的类皮质素样作用，以及促进消化功能。[60]

施今墨先生深悟天地、阴阳、气血、寒温、情志和谐之道，根据自己的宝贵经验，运用益肾填精，补气养血，滋阴助阳，培元固本之法，从和谐健康的观点出发，运用和谐的方药以调节阴阳，调理气血，使机体能够达到“对外适应，对内和谐”的状态，即可以延缓衰老、减少疾病、保持健康。

（四）保健预防，健康你我

随着工业化、城镇化、人口老龄化发展及生态环境、生活行为方式变化，慢性非传染性疾病（以下简称慢性病）已成为居民的健康隐患及主要的死亡原因，心脑血管疾病、癌症、慢性呼吸系统疾病、糖尿病等慢性病占总疾病的70%以上，成为制约健康预期寿命提高的重要因素。生活节奏的加快，工作压力的增大，使不少中青年高级知识分子、白领精英甚至资深医务人员也会忽视自己的健康，因此全民健康保健意识亟待提高。党的十九大作出实施健康中国战略的重大决策部署，充分体现了对维护人民健康的坚定决心，2019年7月9日颁布的《健康中国行动（2019—2030年）》，旨在牢固树立“大卫生、大健康”理念，坚持预防为主、防治结合的原则，采取有效干预措施，努力使群众不生病、少生病，提高生活质量，延长健康寿命。尤其是2003年严重急性呼吸综合征（Severe Acute Respiratory Syndrome，SARS）和2020年新型冠状病毒肺炎疫情在全球的爆发，人们健康意识有了根本性转变和提升，越来越多的人把注意力转向对生命与健康的关注。

益肾强身丸和防衰益寿丸的研制开发正逢其时，通过多种老年相关性疾病、疑难病以及亚健康状态的早期干预，可以预防许多老年病的发生或推迟其发生的时间，从根本上调节机体生理状况而延缓衰老，使之向健康状态转化。

2004年，益肾强身丸和防衰益寿丸再次上市，并开始在药店中销售。

古代医籍养生就有记载，《黄帝内经·素问》中的“年四十阴气自半，起居衰矣”，《黄帝内经·灵枢》记载“人年五十以上为老”，明代医学家张景岳提出了“中年求复，再振根基”的养生原则，可以看出人自40岁后，阴阳精气开始亏虚，从生理上开始由强转衰，而到50岁以后，无论从自我感觉或从外貌都会有衰老迹象出现，养生侧重在扶正补虚以强体健身。施今墨先生提出：人生40岁以后，至迟不过50岁即需要开始服用。服用后，早补精血、晚固脏腑，通过“补固精气，保护脏腑”达到延缓衰老、提高生命质量的目的。为“防患于未然”，可以服用抗老药物，不要等各种衰老征象都十分明显再开始服用。

1. 服法服量讲究

益肾强身丸和防衰益寿丸是施今墨先生根据人体机能状态和能量消耗，在处方惯用“对药”的基础上，创新性的一对中成药，即早服益肾强身丸，重点在于益肾填精，补气养血，使之白天保持气血精力充沛；晚服防衰益寿丸，重点在于滋阴助阳，培元固本，调节阴阳平衡，两者相辅相成。主要用于气血阴阳不足，偏于阳虚的证候，着眼于整体机能的调节。

中年体壮者或者青年体弱者，开始每次服10粒，逐渐增至20粒，不可多服，50～60岁每次服15～25粒，60～70岁每次服20～30粒，70岁以上每次服30～40粒，或遵医嘱。

在服用时，建议因人、因时、因地调整服量，参考施今墨先生的推荐剂量和注意事项。如果服用剂量掌握不好，少数人会出现“上火”现象。对于阴虚内热，湿热内蕴，舌苔黄厚腻，脉数或寒热夹杂证者，均应在医生指导下慎用或不用。

针对服用后的反应也有明确说明，如：服量应由小剂量开始，逐渐增加至规定量，以服后无口干舌燥为准。春季及夏季服量可减少5粒，连服一年，不宜间断，以后每年冬季服三个月。外感停服，口干舌燥，痔漏出血应减少服用。

2. 适用范围广泛

临证适用的病种比较广泛，主要是慢性病为多，如慢性疲劳综合征、高血压、冠心病、高脂血症、糖尿病、肾功能不全、免疫功能低下、微血管循环障碍、更年期综合征、性机能减退、消化功能紊乱、低血压、贫血、脂肪肝等，以及术后、亚健康状态等，比较适用于当前社会上需要中医干预的慢性疾病谱人群和快节奏生活的现代都市人群。

临床上还发现，服用益肾强身丸和防衰益寿丸对虚证引起的失眠健忘、腰酸耳鸣等疗效显著，对内分泌失调、自身免疫性疾病、亚健康调理、抗衰老、过敏性鼻炎、贫血和低血压、癌症放化疗后、高血糖、高血脂等中医辨证属于气血不足、阴阳两虚而偏于阳虚证者效果明显。

益肾强身丸和防衰益寿丸对于某些疑难重症虽然例数不多，但如果药证相符，辨证精准，也能取得一定疗效。同时也观察到对于高血压或低血压、甲状腺功能亢进或低下，若同为虚证，也可取得效果。说明益肾强身丸和防衰益寿丸具有益肾填精、补气养血、滋阴助阳的双向调节作用。[62]在中医“异病同治”的原则下，只要把握住气血、阴阳两虚偏于阳虚的证候，既能起到保健、又能治疗的作用，适用的范围会越来越广。

3. 临床病例拾锦

（1）糖尿病：有一位69岁的男性，患Ⅱ型糖尿病多年，有明显的糖尿病症状，这些年一直服二甲双胍（随餐0.85g）+控制饮食来控制血糖。餐前血糖8.0mmol/L，餐后2小时血糖11.0mmol/L。2016年服用益肾强身丸和防衰益寿丸，最初起服量为早5粒、晚5粒，一周以后睡眠有所好转，并将药量增加到了早10粒、晚10粒。服用一个月后，白天精神特别好，疲乏无力的感觉基本消失了，晚上起夜次数也减少了，睡得特别踏实。控糖方面也有改善，变为餐前血糖7.6mmol/L，餐后2小时血糖10.2mmol/L。现二甲双胍改服用0.5g。患者希望这么好的产品，能给更多的患有糖尿病的老人带来福音。

专家点评：糖尿病属于中医的“消渴”范畴，具体来讲分为“三消”，常表现为“三多一少”：即喝多、吃多、尿多，而体重减少。此病中医认为多与脾、肺、肾等脏腑功能退化有关。案例中的患者胰岛素持续分泌不足，即阴精亏虚、体倦乏力即气亏明显，展现出一派气阴两虚之象。益肾强身丸和防衰益寿丸可益肾填精，五脏通调，改善了患者气阴两虚的状态。“气”足了，乏力以及夜尿就改善了；阴精充足了，口渴和消瘦的现象就会得到显著的控制。

（2）高脂血症：有一位67岁的患者，血脂一直高。日常生活中非常注意自己的饮食，不敢吃任何油炸、高盐的东西，连鸡蛋黄都控制不敢吃，有时吃

点油炸和腌制食品就会感到不舒服。后来开始试服益肾强身丸和防衰益寿丸。服用益肾强身丸和防衰益寿丸后没多久，身体就开始变得舒服。从3粒开始服用，服用后无上火口干的症状，就加量到5粒，5粒服用一段时间后，记忆力明显提高，吃饭正常，掉头发的现象得到改善，睡眠也安稳，夜里起夜的次数明显减少。服用半年后，体检发现之前的高血脂症状改善，而且体检显示各项指标都在标准范围内。患者觉得两种药非常好，认为非常适合老年人和亚健康人群改善体质。现在不但自己服用，还推荐给亲戚朋友一起服用。患者以为保护好自己的身体才是对自己最好的回馈，为家人分忧，他感谢施今墨先生的这款中成药。

专家点评：中医认为高血脂属痰湿内蕴的范畴，由于肺、脾、肾、肝胆等脏腑功能失调，再加上肥甘厚腻、年龄大等原因所致。所以脏腑功能失调为本，痰湿、血瘀为标，即“本虚标实”之证。通过服用益肾强身丸和防衰益寿丸可调理肝、脾、肾，健脾祛湿，理气化瘀，补其不足，泻其有余，可谓标本兼治。因此在患者服用后，机体功能增强了，痰湿被身体代谢后，血脂指标正常，睡眠和记忆力也得到有效改善。

(3) 更年期综合征：有一位49岁的女性，家住北京市西城区。长期从事伏案工作，平日缺乏锻炼。人到中年的她，不知从什么时候起，睡个好觉变成了一件极为困难的事。入睡困难、半夜惊醒、醒后再难入睡，甚至整夜无眠。这种痛苦只有经历过的人才能体会。她曾先后就诊内分泌及妇科门诊，服用过多种中西药，但都收效甚微。在这期间，长夜漫漫，辗转反侧，人的感官也变得极为灵敏，钟表的嘀嗒声、抽水马桶的滴水声、马路上过车的声音……在夜里被无限放大。长期的睡眠障碍让她变得情绪暴躁、白天无精打采、面色暗淡无光。由于无法忍受这种煎熬，她开始使用安眠药。后来她对安眠药物产生了依赖，这更加重了她的焦虑。

一次偶然的机会，听朋友们说起施今墨先生的益肾强身丸和防衰益寿丸这对中成药，通过调理气血、平衡阴阳可以改善睡眠。抱着试一试的想法，她以早晚分别15粒的剂量开始服用。此后不到一周的时间，欣喜地发现入睡变得容易起来，大部分时间躺下十几分钟便能睡着。两到三周后，半夜醒来的情况基本消失，即便醒来也能很快再次入睡。目前，三个月的时间过去了，她没有再吃过一次安眠药。困扰她多年的睡眠问题就此得到根本改善，她内心特别感谢施今墨先生的这对好药。

专家点评：中医典籍《黄帝内经》记载：“女子七七，任脉虚，太冲脉衰少，天癸竭，地道不通，故形坏而无子也。”上述情形即指现代医学所定义的更年期阶段。更年期女性精血不足，势必会造成心悸失眠、无精打采、面色无华、脾气大。特别是文中的这位患者，表现为感官十分敏感，夜间辗转反侧、细小的声音都被无限放大，更是说明她心血严重不足，所以心神无处寄养，肾精亏虚，因此易惊易恐。益肾强身丸和防衰益寿丸平衡阴阳、补气养血、滋养肝肾，不但有效解决了她的睡眠问题，而且缓解了其他更年期症状，以使患者平稳度过这一特殊时期。

（4）手术术后——胃癌术后：有一因患胃癌肝转移（晚期胃癌）于2009年2月做了胃全切手术，此后只能靠输液来维持生命。出院后第23天开始进行化疗，在此之后的很长时间里，患者吃的都是流质和半流质食物，因此身体十分虚弱。就在患者感到十分绝望时，恰巧其老伴的一位要好的朋友说有一款对人体有很好补益作用的中成药，是京城四大名医之一施今墨先生的方子。患者想着对虚弱之人应该能有很大的帮助，于是开始服用，至今已服用12年。

那次手术之后，患者又陆续住院做了29个疗程的化疗，甚至居家也要口服化疗药，其间还做了一个月的放疗。由于患者在化疗期间一直坚持服用，增强了身体的免疫功能，因此取得了非常理想的治疗效果（肿瘤标志物指标逐渐回归正常，肝、肾功能以及血常规均处于良好的状态）。

胃癌肝转移，尤其是胃全切手术后，五年的存活率其实是很低的。身边很多人及医务人员都认为患者活不了多久，但当他们每次再见到患者时，都由衷地说患者创造了医学奇迹！

长期服用益肾强身丸和防衰益寿丸后，患者扛住了化疗对身体产生的副作用，最终得以康复。值得一提的是，近12年来都极少感冒、发烧，算是服用本品的额外益处吧。从2018年10月到现在，口服化疗药物已停用两年，其间各次化验指标均正常，病情控制稳定，身体已基本恢复正常状态。患者由衷感谢施今墨先生的益肾强身丸和防衰益寿丸对其生活质量的改善，并给予他活下去的希望。

专家点评：胃癌晚期进行胃切除及化疗后身体将极度虚弱，从中医角度来看，手术、化疗的手段属中医所讲的“祛邪”，这一过程通常是极为“伤正”的，因此患者多会呈现一派虚象。同时，化疗还会引发肝肾功能的损伤、白细胞下降、脱发、恶心、身体虚弱、免疫力下降等具体表现，令患者无法耐受。放、化疗的副作用还常表现为“火邪热毒”，因此放、化疗后中医调养的主要原则为益气、养阴、清热。化疗阶段，患者通过服用益肾强肾丸及防衰益寿丸，益肾精、固脏腑、调补阴阳，提升正气，提高了机体的免疫力，保障了各种治疗可以有效进行，增强了自身的肝肾功能，患者对于化疗副作用的代谢能力提升了，最终达到“带病延年”。

诸如此类病例不计其数，在此不一一枚举。益肾强身丸和防衰益寿丸的推出是继承名老中医药专家经验的重大实践，是对中国传统医药学继承与创新的典范，益肾强身丸和防衰益寿丸作为抗疲劳、抗衰老、延年益寿的高档中成药产品，是施今墨先生为大众健康提供的宝贵财富，它的面世将造福百姓，为全民共享健康带来福祉。

二、京制咳嗽痰喘丸

京制咳嗽痰喘丸是施今墨先生治疗气管炎咳嗽痰喘的经验方，原方名为气管炎咳嗽痰喘丸，后更名为京制咳嗽痰喘丸。

方药由36味药材经现代制药工艺精制而成，方中前胡、白前、苦杏仁（去皮炒）、化橘红（盐炙）、款冬花、旋覆花、百部（蜜炙）、浙贝母、枇杷叶、马兜铃、川贝母、桔梗止咳化痰，宣肺平喘；半夏曲（麸炒）燥湿化痰，降逆止呕；麻黄、细辛、桂枝、紫苏子（炒）发散风寒；桑叶发散风热；石膏、黄芩、青黛、射干清泻肺热；海浮石（煅）清肺化痰；远志（炒焦）祛痰开窍；白芍（酒炙）养血滋阴；薤白利气宽胸；党参、茯苓补气健脾；罂粟壳（蜜炙）、五味子（醋炙）敛肺止咳；生姜、大枣调和脾胃；甘草（蜜炙）调和诸药。

诸药配伍，共奏散风清热，宣肺止咳，祛痰定喘之功，用于外感风邪、痰热阻肺所致的痰喘病。其临床症见素有咳嗽病史，咳嗽频频，痰液壅盛，气促哮喘，不能躺卧，喉中作痒，老年痰喘。[63]

本丸还可治疗感冒引起的咳嗽、急性气管炎，老年慢性支气管炎、支气管哮喘，遇冷后过敏性咳喘，以及吸烟造成的痰多咳嗽，见上述证候者。对于原有痰热内蕴，又外感风邪，导致既有发热、恶风、怕冷、喉中作痒的表证，又有咳吐黄痰、且痰量较多、气促哮喘、胸膈满闷、不能躺卧的痰热内蕴的症状，并且舌苔黄腻的患者，以及反复咳嗽咳痰的老年患者，复感外邪出现上述症状时尤为适宜。

咳嗽、咳痰是肺系常见而较难治疗疾病之一。慢性支气管炎急性发作期、急性气管—支气管炎常见咳、痰、喘症较为关键。中医学认为，痰是脏腑病理变化的产物，“无痰不作咳”。现代医学认为痰是支气管黏膜腺体分泌亢进的结果，是呼吸道炎症的产物。慢性阻塞性肺疾病急性发作期多以痰热壅肺等实证为主，在原有痰热内蕴的病机基础之上又复感风寒之邪，导致肺失宣降，造成肺络热伤加剧，故而引发病情急性加重。京制咳嗽痰喘丸治以“散寒、宣肺、祛痰、平喘、止咳”，是治疗慢性支气管炎急性发作期、急性气管—支气管炎良好的新中药。[64,65]

临床也有不少报道治疗慢性支气管炎急性发作期，以及急性气管炎、支气管炎采用京制咳嗽痰喘丸治疗均可取得满意疗效，迅速稳定患者病情，减轻加重的呼吸道症状，保护肺功能，缓解机体炎症应激状态，具有一定的临床推广应用价值。

2020年2月中旬，中国科协科学家精神报告团成员之一、京城四大名医施今墨之子施小墨，通过北京市中医管理局向国家卫生健康委员会提议，希望将父亲施今墨先生的宝贵验方“气管炎咳嗽痰喘丸”，应用于一线抗疫临床研究。据悉施今墨先生曾预测如果疫情流行，会有“温邪上受，首先犯肺”的特点，故创制了气管炎咳嗽痰喘丸，20世纪50年代，将本方奉献给国家。气管炎咳嗽痰喘丸是施今墨先生“西医辨病，中医辨证”思想的集中体现，从多年实践看，无论是气管炎、肺炎，还是普通感冒引起的咳、痰、喘等症状，气管炎咳嗽痰喘丸在临床都有效果。

施小墨先生表示，疫情当前，国人当勠力同心，共克时艰。“作为一名中医，作为家学传人，我不能无动于衷，应当凭自己所学，为抗击疫情做出贡献”[66]。

三、加味感冒丸

加味感冒丸是施今墨先生治疗外感性疾病的经验方，原方名为感冒丹，后更名为加味感冒丸。

方药由淡豆豉、桔梗、忍冬藤、金银花、蔓荆子（炒）、蝉蜕、赤小豆、佩兰、栀子（姜炙）、枳壳（麸炒）、连翘、白芷、苦杏仁（炒）、天花粉、陈皮（炒）、淡竹叶、芦根、荆芥穗、薄荷、赤芍、石膏、甘草、白茅根、防风、黄芩、菊花、桑叶、紫菀、紫苏子（炒）、青蒿、莱菔子（炒）、化橘红、建曲、马齿苋、牛蒡子、板蓝根、苍耳子（去刺炒）、麻黄、桑白皮（蜜炙）、僵蚕（麸炒）、蓼大青叶共41味中药组成。

本方包含了很多施今墨先生惯用的药对，搭配得宜，使药效更甚。如荆芥、防风之善走上焦、发散风寒，祛风胜湿；栀子、淡豆豉之一清一解，发汗解肌，清泄里热，解郁除烦甚妙；桑叶、菊花之疏风清热、清肝明目；金银花、连翘清轻升浮宣散，清热解毒；蔓荆子、连翘之专清上焦风热；荆芥穗、黄芩之一表一里，清解合法，解表退热之力益彰；石膏、薄荷之一清一解，清解合法，治外感甚妙；僵蚕、荆芥穗之善走上焦，祛风胜湿，通络止痛之力增；金银花、忍冬藤之清热消炎，解毒消肿，通络止痛之力增；白茅根、芦根之一清一透，用于肺热咳喘，清透疹毒尤所擅优，共奏清热散风、解表止嗽之效，用于内热外感引起的头痛，怕冷发热，咳嗽流涕，咽喉疼痛，四肢酸懒。

加味感冒丸可用于多种类型的感冒，临床多表现为发热、咽喉肿痛、喷嚏、流稠涕等症状。加味感冒丸有疏散风热之功，可以祛散风热表邪，治疗风热感冒引起的发热、流涕等表证；又有利咽清热成分，可以缓解咽喉肿痛等里热证。

加味感冒丸也可用于时疫感冒的治疗，时疫感冒的临床症状通常较重，鼻咽部症状较轻，常突然怕冷，甚至寒战、高热，全身酸痛无力等。时疫感冒多由病毒、细菌感染造成，加味感冒丸中加入大量的清热解毒药，根据现代药理学的研究，清热解毒药具有很强的抗病毒、杀菌作用。

加味感冒丸还可用于暑湿感冒的治疗，暑湿感冒主要由湿热之邪所致，多表现为发热、头昏重胀痛、胸闷痞满、口渴黏腻、渴不多饮等。加味感冒丸清热去湿、利尿除烦的功效明显，用于治疗暑湿感冒，很是对症。

此外，由于方中加入了僵蚕等祛风药，所以加味感冒丸还可用于缓解风疹引起的皮肤瘙痒。

加味感冒丸还有一大特色便是治疗“内热外感”型感冒，既可解表证，又可清里证。对于“内热外感”型感冒，可引用清代名医程钟龄在《医学心悟》中的解释：“其人素有郁热，而风寒束之，热在内而寒在外，谚云‘寒包火’也。”也就是说，人如果体内有郁热，再感受风寒，热在内而寒在外，就形成了所说的“寒包火”的状态，即“内热外感”的一种情况。

随着时代的发展，患此类型感冒的人也越来越多。现代人生活水平提高，普遍饮食较油腻、工作压力大，经常上火。尤其是下述人群：平时喜爱吃辛辣食物或喜欢喝酒，经常熬夜或者工作压力大，脾气急躁等。这几类人群体内易郁热，一旦感受风寒，就容易形成“寒包火”型感冒。此外，天气的突变、乍冷乍热或者小环境与大环境的不符也会导致“寒包火”型感冒。“寒包火”型感冒的重要特征是既有表寒证又有里热证，如患者流清鼻涕、咳白痰，却出现了咽喉肿痛的现象。这种寒热夹杂的感冒，最适合用加味感冒丸进行治疗，既解表寒，又清里热，寒热并用，内外兼顾。

加味感冒丸的功效较为全面，除了可适用于大多数感冒以外，临床上对于患者的感冒类型、寒热辨证不明显时，也可以使用加味感冒丸。由于加味感冒丸寒热兼顾，又有理气消积、祛暑湿的作用，所以不受时节的限制，四季皆可用。

施今墨先生认为“外感热性病，多属内有蓄热、外感风邪，治疗时应既解表寒又清里热，用药时表里比重必须恰当”，他创出“按比例清解表里”之说，寓西医之定量、定性，又寓张锡纯之清热、解表于其中，谓之“七清三解”（清里药味与解表药味的比例为七比三，余次类推）、六清四解、五清五解、三清七解诸法。在临床中示明表里关系，非常实用，运用他的这个理论遣方用药，感冒发烧，往往两三剂药，应手而愈。

四、皮肤病血毒丸

皮肤病血毒丸沿用施今墨先生献出的经验方。

皮肤病血毒丸共由39味中药组成：茜草、桃仁、荆芥穗（炭）、蛇蜕（酒炙）、赤芍、当归、白茅根、地肤子、苍耳子（炒）、地黄、连翘、金银花、苦地丁、土茯苓、黄柏、皂角刺、桔梗、益母草、苦杏仁（去皮炒）、防风、赤茯苓、白芍、蝉蜕、牛蒡子（炒）、牡丹皮、白鲜皮、熟地黄、大黄（酒炒）、忍冬藤、紫草、土贝母、川芎（酒炙）、甘草、白芷、天葵子、紫荆皮、鸡血藤、浮萍、红花。

这39味中药可分为两大类：①祛邪解毒类：滋阴润燥（祛燥火毒邪）生地、当归、桃仁等；活血化瘀（祛瘀血毒邪）茜草、桃仁、红花等；杀虫解毒（祛虫伤毒邪）天葵子、苍耳子、苦地丁等；祛风解表（祛风伤毒邪）防风、荆芥、蝉蜕等；清热解毒（祛风热毒邪）银花、连翘、牛蒡子等；清热利湿（祛湿热毒邪）土茯苓、天葵子、白藓皮等；②养血生血类：生地、当归、赤芍、川芎、鸡血藤等。另外，还有12味民间经验草药，与上述诸药配伍，协同作用，共同发挥清热解毒、凉血通络、化瘀利尿、消肿止痒、祛瘀止痛等作用，打通发汗、排尿和通便等三大排毒通路，全面清解血液中、肠胃道和体内毒素。用于经络不和，湿热血燥引起的风疹，湿疹，皮肤刺痒，雀斑粉刺，面赤鼻齄，疮疡肿毒，脚气疥癣，头目眩晕，大便燥结的治疗。

适用于细菌性皮肤病：粉刺（青春痘）、痤疮及脓疱疹、毛囊炎、丹毒；过敏性皮肤病：湿疹、接触性皮炎、日光性药物性皮炎、荨麻疹；真菌性皮肤病：手癣、足癣、体癣、股癣；病毒性皮肤病：带状疱疹，扁平疣；神经性皮肤病：神经性皮炎、银屑病。

皮肤病血毒丸从止痒入手，减少了人为的搔抓、刺激，使瘢痕逐渐复原，可取得极好的效果，另外，还可治疗风疹、湿疹、皮肤刺痒及大便燥结等症。

忆当年，施今墨先生将十大验方无偿献给国家，并制成成药，其中有高血压速降丸、神经衰弱丸、感冒丹、气管炎咳嗽痰喘丸、皮肤病血毒丸，已造福中国千万黎民百姓，甚至远销东南亚乃至西欧，为广大华侨所喜爱。而如今，根据施今墨先生的验方炮制而成的京制咳嗽痰喘丸、加味感冒丸和皮肤病血毒丸仍然是畅销品种。

施今墨先生生前曾感慨："我死后10年，可能还有人提起，死后20年，恐怕连知道我名字的人也不多了。"看来施今墨先生是过谦了。当时祝谌予说："您有功于人民，人民不会忘记您，我们大家不会忘记您！"当时正值"文革"时期，药盒上印的"名医施今墨大夫处方"被当作"四旧"删除了，结果外商不买，说是假药，虽工作人员一再解释也无济于事，据说最后还是请示总理，把“名医施今墨大夫处方”字样补印上，外商才继续购买。

没想到，现在施今墨的名字，随着留给人们的气管炎咳嗽痰喘丸（即京制咳嗽痰喘丸）、加味感冒丸、皮肤病血毒丸等药而名扬海外，随着留给人们的益肾强身丸、防衰益寿丸而家喻户晓，造福百姓。[14]

第七篇 缅怀追忆 万世流芳

千年保守太深陈，难望一时遽革新；
医术归根真理在，宣明自有后来人。

——施今墨

施今墨先生一生淡泊明志，为弘扬祖国医学鞠躬尽瘁，无私奉献，他那高尚的医德、精湛的医术，以及他那数十年如一日，为创建和发展中西医结合事业的献身精神，皆可成为后人的楷模而流芳千古。他一生力主通过“编书籍、办医院、开学校”三条途径来复兴中医、发展中医，为我国中医药事业传承和发扬培养了一批名医大家，已然成为薪火相传、精神永续的最好例证。他的人品、人格、学识、素养、海纳百川的博大胸怀，以及淡泊名利、甘于奉献的崇高情怀，自强不息、敢为人先、致力中医创新的开拓精神，令后人代代传承。

一、春风化雨、谆谆教诲

施今墨老师医学渊博，经验丰富，融通中西，推陈出新，兼以热心抱菁拔萃，提携后学，缅怀恩师，多少往事历历在目，多少教诲铭刻在心。

1. 难忘恩师关怀

施今墨老师对门生的要求也是十分严格的，不愿为中医奋斗一生的人他不收，医德不好的人他不收，专业不拔尖的人他不收。

李辅仁，出身于一个中医世家，遍读中医古籍，1939 年为拜施今墨为师，吃住在恩师施今墨家里，与老师长子施稚墨“同宿舍”数年，从学习到生活都离不开老师的指导与帮助，成为老师为数不多的入室弟子。1935 年，在施今墨主持下，作为华北国医学院校刊的《文医半月刊》开始招聘编辑，学生杨医亚应聘成功。在办刊过程中，杨医亚不断结识北京名医，提高了沟通能力，开拓了学识眼界，为他以后创办《国医砥柱》月刊创造了良好条件。1939 年，杨医亚又应施今墨之聘成为华北国医学院教授，1949 年又被任命为院长，走上了一生从事中医教育工作的道路。1940 年春季的一天，20 岁的孙一民走进了当代名医施今墨先生创办的当时全国唯一一所正规中医大学——华北国医学院，成了我国第一批接受正规教育的中医大学生。孙一民刻苦学习，每次考试都能进前三名，校长施今墨一看这孩子有出息，破例收为入室弟子，毕业后又进入了学校董事会。此后的岁月里，孙一民跟着老师开始了天南地北的行医之路，也一头扎进了博大精深的中医世界里。[67]

华北国医学院第十二届毕业生张秀琴回忆道：她曾两度随老师学习。第一次是 1945 年，1946 年老师发给我们证书；第二次是 1951 年，老师谆谆教诲为我继承老师学术思想打下了坚实基础，老师对我学习、工作给予很大关怀，无以报答。随师两度学习之后，我自己开诊所，1956 年全国公私合营高潮，老师嘱咐我结束自己的小诊所，“同学都去医院工作了，你也去医院吧”，推荐我到北京铁路总医院中医科工作，因成立医学院教学任务的需要，先后三次被送院外进修，而后担任铁道医学院及西学中班院内外教学任务，从一个普通医师晋升为主任医师，并被该院聘为专家组顾问，我的成长过程都渗透着老师的关怀。

1967 年，张秀琴突患冠心病、高血压，每次口含硝酸甘油后只能短暂缓解胸憋闷，后到老师府上求医。那时老师已是重病在身，从卧室走到客厅为我诊脉，询问病情，之后说：“我能治好你的病，20 年前协和说我动脉粥样硬化，现在 20 年了不成了疙瘩汤了吗?”一席话说得大家笑了，之后给我分析所开方子，方子是“七分血分药，三分气分药，目的在一个通字”，多么精辟的剖析，几副药后胸不憋了，停用了硝酸甘油。

20 世纪 60 年代，吕景山因祝谌予老师举荐，得侍诊于施老府上。当时，他老人家已年逾八旬，然每日上午仍接诊 10 余人次，每当患者步入门庭或诊毕告辞时，施老总是起立笑脸迎送，为后学之辈树立了善待患者、热情服务的榜样。

1962 年吕景山毕业后，临行时，前往施府向他老人家道别，他又为学生上了永久难忘的一课，他说：“毕业了，该为人民服务了。先期在晋工作的有谷精波、张俊民、靳文清等同学。你去后主动和他们联系，多向他们学习，有疑点、难点时，多向老一辈请教。在应诊的过程中，面对患者不可许诺，诸如二帖、三帖药保好等言词是绝对忌讳的，即使有十分的把握，也得留有余地，把话说大、说尽是不科学的，若对某些疑难病症尚无把握时，要给患者讲清楚：您这病很复杂，头绪较乱，今天先开三服药观察一下，探探路子，然后再集中兵力打‘歼灭战’”。施老还谆谆教诲说：“白天应诊，下班后静下来，把一天看过的患者在脑海里过一下，想想哪个患者的处方不全面，必要时应准备一下复诊时的处方。”[68]

2. 聆听老师教诲

朱师墨跟施今墨老师侍诊学习之始，施先生就指出：“经典著作是祖国医学之基本，是必修的功课。中医内科则概括妇、幼等诸病证治。故历来医家，其凡精于内科者无不兼工妇、幼等科。张仲景为内科证治专家之鼻祖，在《金匮要略》中则有妇人诸病脉证并治之作。孙思邈著录《千金要方》达六十卷之多，后来更着《千金翼方》以增充之，其内容对妇、幼等各科方治具备，而尤备妇科。秦越人过秦为小儿医，过洛阳为耳目痹医，过赵则为带下医，可见中医内科概括之广，且为诸科之主。”他认为：“其有好逸恶劳者，怕下苦功，舍本求末。例如学习妇科，若只固守傅青主一书不放，只习用生化、四物等数方不变，以统治妇人诸病，此乃借傅青主妇科之盛名，以自高身价而以专家自炫，欺世盗名，不足为训，非吾之徒也。”

由此可见施今墨老师对门人的要求是十分严格的。他对治学态度的教诲是：“必须锲而不舍，志坚金石；纵览群籍，精究专业；博采众长，不偏不倚。”对于脉证并治严格要求“切重实际，遵循真理，正确辨证，对证施治，深中肯綮，突出重点，整体考虑，全面衡量”，他对德才并重，主张“必须广结师友，德才自尚，互相砥砺，真诚相见”。

施今墨先生还经常告诫门人：“戒主观，戒机械，戒玄幻，戒泛滥，戒故步自封，戒空论侈说。”所以，他既反对厚古薄今，亦排斥非理性的标新立异，常常郑重指出；“病是活的，多数是复杂而多变的，而且机枢相通，顺逆相从，关系相应，矛盾相对，其间错综曲折，潜晦隐微，古今中外之上工高手，亦时苦未能尽窥其奥。所以在诊治上，千万要全面精察，苦心探索；灵活运用，谨密掌握，选药准方，选方准病，不可执一药以论方，不可执一方以论病，不可徇一家之好而有失，不可肆一派之专而致误。其有厌学图便者，只是习用极少数成方、单方以统治万病，非吾之徒也。”[69]

施今墨先生晚年在北京医院工作，因年事已高，单位领导只安排他每天在家看少量患者。但经常有一些慕名而来的“闯门”患者要求诊治，裘缉融不免要挡驾一部分患者，施今墨先生知道后用带责备的口气对裘缉融说“医者，仁术”“医就是为了济世活人”“患者，找来了，尤其远道而来的疑难患者，要设身处地想想患者……”就这样无论是领导干部，还是一般群众，他总是细心诊治，一视同仁。在他眼里看见的是疾病的轻重，想到的是患者的痛苦，而不是患者权势的大小。从他二十多岁开始行医起，就是依照这个原则去做，施今墨先生曾多次告诫裘缉融说“生病是痛苦，治病在救人”，对患者贫病交加的景况，医家要格外细心体会，设身处地去理解，才能感同身受而救人于水火之中……施今墨先生对待外事工作方面，也总是以社会主义祖国的一员身份，力争做好工作。一次，尼泊尔外宾请他出诊看病，已是高龄的他，高血压、冠心病和糖尿病等多种疾病缠身，当车来时已感不适，裘缉融力劝先生不要出诊，但施今墨先生说“这是关系两国友好的事，我是中尼友协的副会长，不去不礼貌”，只事略微休息，口中含药继续

施今墨先生与弟子裘缉融合影留念

施今墨在家中的生活照

出诊，施今墨先生就是这样从自己的医疗实践中来体会“为人民服务”这个宗旨。

二、生活俭朴、仁爱无私

施今墨先生生活非常俭朴，勤俭持家，淡泊度日，从不铺张浪费，衣着也是一般，不讲吃讲穿，保持着中华民族的传统美德。

施今墨先生家中，没有昂贵的家具，他久坐的沙发腿有点晃动，家人出于安全考虑预购置新的沙发，然而每次都被施今墨先生拒绝。他家中请的厨师问菜做得怎么样，他总是回答：“很好很好。”夫人给买什么穿什么。裁缝来家做衣服，夫人问他衣服合身不合身，他穿上后反而问大家：“你们说合身不合身？”裁缝比量一下说：“这儿得去点儿。”“去点儿、去点儿。”施今墨先生马上同意。家里用完的一根小绳，他也要捋起来放在椅垫底下，用完的水果筐也一个个摞起来。家人要用绳，都知道从椅垫底下找。但是为了创办华北国医学院，在申请国民党政府支持无果的情况下，他毅然慷慨解囊，倾全部积蓄，购设备，聘教师，审教材，为中医培养大批人才。任上海复兴中医专科学校董事长时，慷慨捐输，竭力资助，为发展中医事业绝无吝惜。[72]

施今墨与家人、学生在绒线胡同家中合影

施今墨先生对姐姐非常敬重，重视家庭教育。他姐姐 32 岁守寡，施先生尽自己的能力帮助她们一家，一女二子均由他供养。一直到外甥女陆士嘉去德国留学、外甥陆唯一赴法国留学，亲自教授小外甥陆湘生学习中医，送他去日本学习西医，均由他慷慨资助，使他们都成为国家的栋梁之材。外甥女陆士嘉师从世界流体力学权威普朗特教授，与钱学森师出同门，学成回国后，成为北京航空学院（现名北京航空航天大学）的创始人之一，开创了中国第一个空气动力学专业；一位外甥是医生，另一位外甥成为著名的动物学家。

施今墨先生不仅悉心照顾亲朋，对社会捐助也义无反顾，无论是国内国外，凡有遭灾的地方，常给予爱心捐助，对困难患者不必挂号、不收取药费的事更是屡见不鲜。

1959 年在一次中医药展览会上，施今墨先生向国家无偿献出了十大处方，国庆 10 周年又献出五个抗衰老方，此后又献上很多验方，以解除更多人的疾病之苦。

1961 年，卫生部（现卫健委）指示派一名护士照顾施今墨先生的生活。施今墨夫人张培英新中国成立前跟着施今墨抄方，新中国成立后在宣武医院当护士，就承担了这一任务，不再上班，在家里照顾施今墨先生生活。1962 年，施夫人认为自己在家，不好意思再拿国家的工资，主动提出停薪留职。当时，施今墨先生月薪还是 1000 元。后来施今墨先生又主动申请减工资，享受一级专家待遇，月薪 333.50 元。施宅在北京东绒线胡同 194 号，这个四合院有 20 多间房子。施今墨先生说："房子太大了，我们家人口少，换个小点的房子。"他多次提出将私宅献给国家，或许因为他是民主人士，政协方面始终没接受。

施今墨先生生活十分有规律，时间观念很强。他的就餐时间、吃水果时间都很固定。他每天中午 12 时整吃午饭。这天若患者不多，12 时前看完了，他就与学生说说笑笑，要等到 12 时整开始吃饭。但如若患者很多，他必定坚持看完患者才吃。家中的厨师往往已将油锅坐上炉子，看看患者还没看完，只得把油锅先端下来，等到觉得差不多了，再端上炉子炒菜，施今墨先生一走出诊室马上开饭。

施今墨先生办事极为认真，凡事予则立。如若有个会诊或外出活动，他早早就提醒家人。如果两点半外出，他就要"两点一刻了""两点二十一了""两点二十五了"……催上几遍。出诊前半小时，笔墨纸砚都提前放在包里，拐杖、眼镜、大衣都放在手边，大衣放在衣架上都不行，只要外面汽车喇叭一响，他便信步走出家门。施今墨先生做事有条不紊，归置东西有固定位置，用后一定放置原处，从没有见他四处找过眼镜。

三、总理关怀、铭刻于心

施今墨先生与周恩来总理的交往，可以追溯到 20 世纪 50 年代初期。总理向别人介绍施今墨时，总是说，这位是我的保健医。第一次为总理看病，施今墨不免有些紧张。号脉开方之后，他半天也没开口。这时周总理很随便地问："开的什么汤头？"施今墨说："保和丸加减。"总理笑了："原来施老先生的汤头是要我病好了去‘保’卫‘和’平啊!”总理的幽默一下子就驱散了施今墨先生的紧张，缩短了两人之间的距离。1953 年春，海棠花开时节，施今墨先生应邀赴中南海西华厅，周总理说，施今墨先生，我想请你做老师，谈谈中医的发展问题。施老双手抱拳，连称不敢：“总理太客气了，今墨不过一介草药医生。”总理说：“不然，您是专家，搞任何专业，不听专家的意见，不懂装懂，那是要吃亏的。我是诚心请教，请不要过谦。”施今墨先生被总理的真诚深深感动了，向总理倾吐了久郁心中的愿望：建议成立中医科学研究院、中医医院、中医学院，开展中西医结合事业，建议提高中医地位……总理认真地听完后说：“在新中国，中医一定会有一新的发展、新的变化，我们不但要让中医在国内占有重要地位，且要把它介绍到国外去，让西方懂得，中医是人类医学宝库中的重要财富!”

1955 年万隆会议前，敌人制造了震惊中外的“克什米尔公主号”飞机爆炸事件，赴会的周恩来临时换乘飞机才幸免于难。会议胜利结束后，施今墨先生在北京见到了周总理，他急忙走上前，紧握着总理的手说，幸亏您没坐那架飞机……周总理望着施今墨先生，目光深沉而悲痛：好多同志遇难了，中国人民要记住敌人欠下的这笔血债。周总理鲜明的爱憎深深地留在了施今墨先生的记忆中。

总理多次请施今墨先生看病，每次都要问候施今墨先生身体、工作、生活等情况，很关心中医、中药方面的问题。1963 年 12 月总理出访亚非 14 国时，还嘱咐邓大姐前去看望施今墨。

“文化大革命”期间，施今墨先生被抄了家，并被勒令搬出私宅。当时，他身患重病，工资停发，又将无安身之处，一家生活陷于困顿。小女儿如瑜含泪跑到西单邮局，给周总理和邓大姐发了一个电报求援。施今墨先生知道此事后埋怨女儿说，你太不懂事了，这个时候不该打扰总理啊！不料，三天之后国务院就派人来了解情况。很快为施今墨先生安排新居，还解决了治病、营养及日常生活所需费用。连遭惊扰、病情加重的施今墨先生是用救护车迁到新居去的。施今墨先生知道事情经过后感动得热泪横流，对他女儿说：“你们小啊！不懂！他太忙了，麻烦他，不应该啊！太不应该啊!”

1969 年春，施今墨先生病危时，口述了一份几千字的关于中医工作的建设，呈送给毛主席和周总理。他对子女说：“我一生中唯一的，就是不能再见到周总理，诉说自己对他的感激之情。”他让子女搀扶着坐起来，用颤抖的右手写下了一生中最后的一首诗：

大恩不言报，大德不可忘，
取信两君子，生死有余光。
余恨生亦早，未能随井冈，

路歧错努力，谁与诉衷肠。

施先生再三叮嘱家人，在他过世之后，将此诗献给周恩来总理和邓颖超大姐。8 月施今墨病危，周总理身缠国事脱不开身，就派国务院有关同志前往北京医院看望。1969 年 8 月 22 日下午 4 时，施今墨先生与世长辞。[71]

四、谦谦君子、温尔儒雅

众所周知，施今墨先生被誉为京城四大名医，活跃杏坛六十余载，学识渊博，经验丰富，医德高尚，医术精湛，称谓名医，当之无愧。在文学方面造诣深邃，在治病救人之余，作诗、书法、对联无一不精。

1924 年，满怀忧国忧民之情的施今墨，难掩对动荡时局的失望之情，写下《甲子十月望夜宣化道中》一诗：

风月良宵不解愁，车尘碌碌几时休。
山如时局不平起，水入川原就下流。
赋重年荒田野秽，人逃室毁犬鸡留。
烽烟天接迷阳地，何处人间有自由？

在时局的动荡中，施今墨先生对老百姓生活的关切，淋漓尽致地展现出来。

20 世纪 60 年代初，施今墨先生全家迁出自己位于东绒线胡同的私宅。几年后，老人有感而发，写下了一首《忆绒线胡同院内丁香花》的诗：

丁香花开今年小，人比去年老多了。
年年依旧花自开，道自花不随人老。
花落花开几度春，人间往事已前尘。
遥知庭院还如昔，不见当时树下人。

全诗以丁香花为寄托，借花开花落感叹世事无常，情绪含蓄而凝练，读之令人动容。

1964 年元旦，施今墨先生写了一首《改革中医是我志》的七言诗，言明自己的志向。

改革中医是我志，利用自然科学兴。
现代化并工业化，尖端学术乃诞生。
遗产宝库任发掘，原始材料之一宗。
精华渊湛不可测，亦有糟粕糅其中。

时代知识所限制，发明创造欠恢宏。
要当辨别美与恶，批判接受纯精英。
病理新奇古未有，现代学说来补充。
光电声波同位素，也应采取入医经。
纵然知新由温故，奈何恋故忽新萌。
虽蕴宝藏不配套，中西睽隔偏畸零。
人体秘密更重要，潜在脏腑何由明。
岂无解剖与体检，死活器质原不同。
诸般镜械放射法，气血运转难追踪。
面貌指纹人异相，腹腔亦具各类型。
细胞组织联表里，巩如堡垒匪易攻。
病种何殊恒河沙，病毒虫菌包重重。
付出辛劳不计数，战胜困难足为凭。
竭脑涸力苦研钻，集体智慧胡可轻。
自来重劳必重获，造就奇迹天人惊。
肌腠经络髓筋骨，一旦豁然胥贯通。

施今墨先生通读了二十四史，文史的根底深厚，闲暇时经常吟诗作赋，是一位文学大家。他认为丰富的文史哲知识对医生有好处，常讲古人学医之所以很容易，就是因为他们有深厚的文史知识。他不仅爱写诗，他的书法同样器宇轩昂，因为从小研习书法，练就一手飘逸隽秀的王体字，书法家萧劳（1896—1996）曾对施今墨先生的书法作品这样评价：“施今墨不做医学家，做个书法家也是相当有造诣的。”

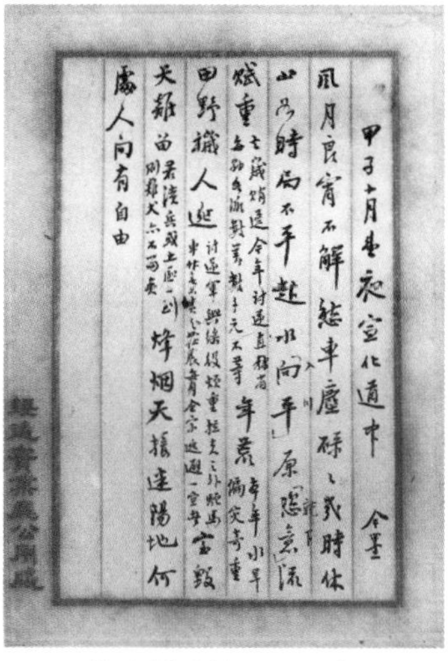

施今墨随笔（1924 年）

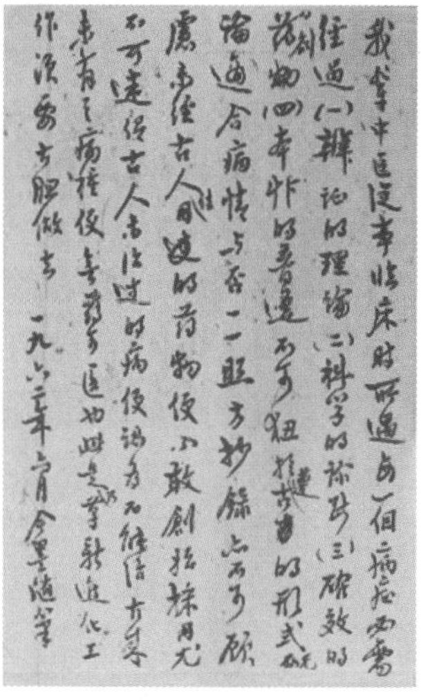

施今墨随笔（1962 年 6 月）

时至今日，重新翻看施今墨先生的手写处方，墨香中氤氲的国医风范依旧让我们敬仰，一笔一画，是悬壶之志，一针一药，乃医者仁心。

五、京蒙师生、忘年之交

施今墨先生的一生，成就斐然，史册铭记。而回望施今墨先生在北京蒙藏学校的经历，正是这位国医圣手走向成功教育家和社会活动家的重要足迹。

施今墨先生早年追随黄兴参加了辛亥革命，成为同盟会员。他是一位名医，同时也是一位接受新思想、追求进步的知识分子。校长吴恩和邀请他来北京蒙藏学校担任教务主任，也是既看中他曾当过湖南教育厅厅长，并有在太原设立“尚志学会”分会附设女子学校、小学的办学经验，也是看中他的开明态度和创新理念。

施今墨先生到校后，首先解决办学经费问题。他配合校长，到处奔走，甚至派人远赴热河、察哈尔、绥远三个特别区，请求当地都统支援经费，最终督促北洋政府恢复了停发的官费。他们还给当时的西北边防督办冯玉祥将军写信，请求支援经费，冯将军也亲笔复信夸他们办蒙藏学校“识见宏深，规模远大”。同时，施今墨先生加强管理，对教员量才录用、撤减冗员，请了一批名校的中年教师来任教。很快，使学校风貌焕然一新，学生生活得到改善。

面对进步学生活跃的活动，施今墨先生积极支持，引导学生关心国家命运，鼓励学生追求进步和参加革命活动。由于北京蒙藏学校学生的革命活动引起了军阀注意，军人多次以各种借口闯入学校抓捕进步学生。施今墨先生作为教务主任、辛亥革命元老，积极支持吴恩和校长，阻止军阀的无理行为，保护进步学生。

施今墨先生既是老师，也是医者。在学校，施今墨先生践行墨子“兼爱”思想，特别关心学生尤其是贫困学生。当时学生体弱多病的多，施今墨先生主动给学生号脉、开药。有的学生买不起药，他就自己出钱买药给学生，还经常在经济上补贴资助困难学生。施今墨先生医者仁心的事迹，被学生们带回家乡传颂，内蒙古草原早年很多人都知道施今墨先生的故事。施今墨先生虽然在北京蒙藏学校执教时间不长，但他很怀念这段日子，认为学生们朴实、好学、上进，在他离校多年后，还和很多学生有联系，施今墨先生给他们看病。曾担任内蒙古自治区人大常委会副主任的克力更，在北京蒙藏学校上学时就与老师施今墨先生关系很好，后来克力更追随乌兰夫参加革命，与崇尚进步、追求创新的施今墨先生更是成了“忘年交”，一直联系不断。新中国成立后，克力更每次进京开会，都会来看望老师，两人谈古论今，无话不谈。施今墨先生的儿子施小墨对这位“内蒙古大叔”印象深刻，他还记得，有一次“内蒙古大叔”带来一根一米多长的肉苁蓉，父亲当即拿着它对施小墨讲起药用价值。克力更对施今墨先生说，内蒙古有的中医说，施派不是中医正统，诊病用药，中西都有，非驴非马。施老微微一笑，便坐在案前书随笔辩之。据施小墨回忆，该随笔内容：五伦君臣父子为儒家正统，五行金木水火土为医家正统，然则吾所学所用，中西杂糅，漫无界限，不能法守古人固非中医学之正统矣。人之云然，吾又何说。书赠克力更同志。克力更始终对施今墨先生十分钦佩，20世纪90年代，有记者采访他时，七十多岁的克力更谈起施今墨先生的医术和医德仍是赞不绝口。[72]

六、国医巨匠、永镌医史

施今墨先生生前曾言：我死后10年还有人纪念，死后20年人们就忘记了。随着国家的强大繁荣，中医事业也得以迅速发展。施今墨先生并未被人们、被社会遗忘。他的家人和学生时刻谨记施今墨先生的教诲，不断刻苦钻研，继承和发扬施今墨先生的学术思想，社会各界也以各种方式进行追思和纪念活动。

施今墨诞辰100周年纪念座谈会

左一：张维（时任清华大学副校长）　左二：姜泗长（中国工程院院士、时任中国人民解放军耳鼻喉科研究所所长）　左三：李奕（时任301医院副院长）　左四：李健生（章伯钧夫人）　左五：钟惠澜（时任北京友谊医院院长）　左七：吕炳奎（时任卫生部中医司司长）

为了缅怀先辈，启迪后学，发展中医学术，中华全国中医学会于1981年4

月15日在京举行了纪念施今墨诞辰100周年座谈会。会议由哈荔田副会长主持，卫生部（现卫健委）中医司司长、中华全国中医学会副会长吕炳奎同志到会并做了发言，北京协和医院中医科祝谌予主任在会上介绍了施今墨先生的生平事迹。参加纪念会的有著名老中医任应秋、关幼波等和著名西医专家钟惠澜、姜泗长等，以及施今墨先生在京、津、冀、鲁、豫等地的部分学生。会后大家参观了施今墨先生百年诞辰展览，中国农工民主党北京市委负责同志也参加了纪念会，在中山堂举行了《施今墨先生学术思想及临床经验介绍》报告会。[73]

为缅怀先辈，寄托哀思，弘扬施今墨先生的中医创新、大医精诚的精神，1989年，施今墨逝世20周年暨诞辰108周年纪念会应时举行。2009年北京市崇文区举办施今墨逝世40周年纪念活动，并出刊了《一代名医——施今墨一生》。

2019年8月22日，中华医学会、北京中医局、北京同仁堂领导，以及施今墨先生的四代学生和96岁高龄的施今墨夫人张培英都齐聚同仁堂健康大兴基地零号店，参加施今墨逝世50周年纪念会。不仅为了缅怀这位近代中医代表人物的光辉一生，更是决心继承施今墨先生遗志，努力挖掘祖国医学遗产，不断创新发展，为全民大健康贡献力量。[74]

历史学家闫崇年先生在纪念会活动上也高度赞扬了施今墨先生对中医药的影响：“施今墨先生的一大贡献是，既学西医的科学优长，又弘扬中医的优良传统。先生强调：‘中医之生命，不在外人，不在官府，而在学术’的睿见，砥砺广大中医大夫，内求诸己，日新日进。他以仁善的医德，高超的医术，精心的诊治，卓绝的疗效，创新的著述，灵验的方剂，热心的教育，普世的胸怀，博得患者的尊敬，赢得社会的赞扬，被誉为当世的‘四大名医’之一。尤其是身处于上述那个新旧交替的时代，先生能以正心笃行，坚持中医之根本，便显得更为可贵。”[75]

2019年10月22日是世界传统医药日，国内首次中医学院文物展“大师的摇篮——华北国医学院文物展”开幕仪式在京隆重举行，本次展览由国家中医药管理局、中华中医药学会指导，北京市中医管理局、中国中医科学院、北京中医药大学、首都医科大学主办，旨在感受传统医药和现代医药的结合与创新，回顾中医文化历史，展望未来发展之路。华北国医学院文物展展现了北京近现代中医教育成果、传承燕京医学流派，丰富了祖国医学知识宝库。[76]透过一件件老物件、老照片和珍贵的墨迹，我们从中能感受到施今墨先生致力中医创新、培养中西汇通人才、为中医事业鞠躬尽瘁的精神力量，也从中能激发和鼓舞后人要为中医事业奋斗前行的决心。

光阴流转，医者仁德，中国传统医学历久弥新。抚今追昔，正是因为有了施今墨先生等中医仁人志士的不懈抗争以及在危难中施展医术，中医药文化瑰宝才能在几千年传承中得以延续、发展、创新，在时光的打磨中愈加熠熠生辉，显示出永久魅力！

践行先师遗志，传承与发展中医，再创辉煌业绩，就是对先师最好的纪念。

附录

中医学革新，需俟后来人；
政策自神圣，推行安足论。

——施今墨

附录一 施今墨著述文章

《编辑中医统一标准用书建议》

我全国中医总数，约27万至50万人，分布在城市与农村之间。在城市者，读书虽多，庞杂无序，因无统一之用书，诊断时极不一致，言人人殊，有用内杂诊断者，有依伤寒金匮或千金外台诊断者，亦有按唐宋以来金元四家有清诸名医学术诊断者。一人患病，如经中医十人诊断，可以列出十种不同的方案，而病者所患固只一病，究应用何医之方，抑遍试诸医之药，病名且多无定称，遑论其他，岂非滑稽之尤。至于处方用药，则更温凉补泻，杂投并进，阴阳五行、司天在泉，五花八门，极尽理论之能事，各是其学说，而又非全无根据。望其对病合作，则群举所学师说以相非难，甲乙丙丁，各不相谐，然则欲其为合理诊断，全无错误，能乎不能，可不烦言而解矣。

在农村者，因处田乡僻壤，根本无多书可读，以致汩其天才，比比者只奉汤头歌药性赋为圭臬。记三五个草头方，或拉几年药斗子，即要见病立方，间或有传授自修博学有成者恒不数觏也。然而乡间流传，亦有单方良方，但须合理审用，否则效用不彰，湮没无闻，亦堪慨惜。据查我国农民占全国人口百分之八十，需要医生数量，当不止此。有病不得医者，不知凡几，诚非细故矣。

除少数西医暨经进修之中医外，最近若干年代，大多数人民，仍不能不需要广大之中医疗治。以学术不统一、用药不统一之二三十万中医，应付数亿人中之患病者，其所贻误之众且多，实非片言所能罄尽。何以故？以中医未经科学整理与学说不统一故。

中医中药既如此繁旧凌乱，不几无用而可废乎？曰非也。中医掌握制胜之具，实为药效。责在随症治疗，用药得当与否，用当皆效，不当不效。今日所以欲其统一者，期其皆效也。然则如何而可？曰必须进行提高。如何提高？必须读书。需读科学的统一标准用书。何来此统一标准用书？则唯有大规模从事编辑。何人得以编辑？则唯政府始能有此力量。因需动员全国优秀兼通中西医学者十人至二十人，征集大量古今参考书籍，且必须缩短期限，在三数年内出版。此等条件，均非私人能及所办。办法应另订方案，大约系将古今医书的精华，合于科学原理原则者，逐条采录，其不足不备者，采取最新西医学说补人，使之成为统一的科学标准临床实验用书；凡具中医学识基础之士，迅速补习，一二年可以结业应用。书成之后，颁行全国中医，奉为圭臬，人各一部，在应诊时，一本书内治疗方法，不得逾越范围，其另存有各种古书秘籍者，尽可留供参考研究，不得引用依据。至若特殊天才之医家，自能灵活运用，不致因见闻所囿，限制其发展独到之特长，殆亦最少数者。如此计划，全国30万中医刊印30万部用书，其代价连编辑时员工一切费用估计不过百十余亿元，在国家财政担负可谓不大，而对于患者则受惠无穷，尤其在广大农村方面，获得优良之医疗条件，劳动者皆得有所保障。治愈一个患者，代价已不可估计，况人数无量乎？是则有裨于强种增产之处，其轻重悬绝，乃为巧历所不能算，虽十百倍消费犹必将为之，况且区区百十亿乎？

且为全体中医科学化铺成道路，架筑桥梁，将来设学校，备课本，办医院，讲临床，皆可根据取材于此。一举而数善备矣，此实今日改进中医步入更科学之唯一门径。由万殊归于一本，由个体成为集体，中医科学化，中医统一化，时机至矣。舍此不图，后将有欲为之而不可得者。

或者谓苏联先进无此颁印医书办法。不知苏联建医多年，学术成熟，一切制度优越、无须从头做起；中医根本未经科学整理，未有统一用书，岂能与苏联医学相提并论？或又谓外国医籍，大都为学者所著，采入实力经验，逐渐成书，经由政府审核，然后出版，医家自由购读；中国可能亦不例外，将来由全国六个实验医院将治病验案积累成书，可期确有实效，何必急于编辑统一用书？日后发明进步，又须改正，未免浪费金钱。理论高矣，但实际上缓不济急。所谓实验医院之验案，只能陆续而成；各种病症，岂能全备？无论穷年累月不能尽其功，即60乃至600医院，亦岂能毕其事？何妨先颁示范之书，一俟医院续有验案，随时公布，自行抄补，待尽善尽美后，另再出书代替，在国家不过多此一笔支出而已，而漫长岁月待解决呻吟病榻者将几何！孰缓孰急，必有能辨之者。

而况预防为主，乃国家卫生大纲。治疗既为国家行政，编书所为治疗，绝非私人著述藏之名山可比；亦唯国家明令，人民方是遵从。中医认为自由职业久矣。无视为任务者。近年虽有少数进步人士，其大量者泄沓如故，不有一新耳目之举，不能改正观听。所以今日必须由政府编书，政府颁行；迫切需要，职是故也。

总之，此为全体人民切身保健刻不容缓之事，尤为中医进入科学之初步过程。而今当局虽在大量培植医护，当然较此更为切要，但无论如何快速，短期之内，恐尚未能普及。青黄不接之际，城市容有西医可以补充，农村则殊无法普及，此实为目前人民卫生保健事业当务之急也。

卫生部（现卫健委）首长对于中医不遗余力地日日提倡，多方鼓励；医界前进分子，亦正主张整理，顾办法之有无何如已耳。语云：得其要者，一言而终。中医科学化之谓何，若不亟以实际行动急起直追，则虽高喊口号，终将容与停棹而不能前进咫尺也。

今幸生逢毛主席时代，当与政府贤明领导主持之下，一切为了人民；虽属庸愚，亦将竭诚贡献，冀效涓埃。刍荛之言，圣人择焉。今墨衰迈孤陋，冒昧陈辞，管窥之见，无当高深，特此建议，请医界参考。

（原载《中华医学杂志》1954 年第 9 号）

《重视祖国医学的理论研究工作》

回忆在反动政府统治时期，中医几乎遭受到废弃的危险。中华人民共和国成立以后，在中国共产党的正确政策领导、政府的大力支持和群众的努力下，使中医工作获得巨大的发展，在继承和发扬祖国医学遗产上取得了不少的成绩，并且显示出无限光芒的远景。现在，我国医学界存在两种理论体系，一为经历几千年的中医，一为 18 世纪初由西洋传入的西医，一个讲气化，一个讲细胞。因此有些对中医缺乏认识的人，就认为中医不科学，无理论只有经验。中医是不是只有经验而无理论呢？祖国医学诚然是几千年的经验累积，但经验到达一定程度就要提高到理论，再由理论返转回来用以指导实践，如此循环不断，推陈出新，因而历代都在不断地进步和发展，使祖国医学获得了丰富的内容和宝贵的经验。假使祖国医学只有经验，没有理论的话，我想祖国医学也不会存留到今天，而对数亿人民长期地起着巨大的保健作用。问题在于中医的理论和现代医学是有一定的距离和差别的。我们固不应该认为中医理论和西医有距离和差别就武断为糟粕，而且正应该在这个距离和差别中去发现正是医学科学中的精华。例如中医历代先贤，在实际的经验中找出了各脏器之间的关系，并且认识到它们之间不是各个孤立，外界环境是会影响它们的，因此找出了以五行生克，表里阴阳来说明脏器间的关系，论证了机体是统一的、有机的整体。这种见解远在两千年以前的古典医籍《内经》里就有详尽的论述。这种整体论是朴素的辩证唯物论，它一直在支持着中国医学前进。特别是中医在实践中所理解的脏腑之间的关系，却是现代医学还未讲过的。举例来说：中医认为肺不是孤立的。它同脾同肾是相生的关系，同肝同心是相克的关系，它同大肠是有表里关系，又说肺主皮毛，肺开窍于鼻等等，一个肺与这么多的部分都有关系，在现代医学中却未见到这种说法。但是这些关系并不是凭空乱造的，这是在临床上找出来的，我们治疗上认为肺有病，绝对不是单纯地去治肺，而是观其生克，察其表里，全面分析，治其本原，以致获得很好的疗效，完全是有道理的。可是古人在实际的观察中，虽然体会到他们之间的关系，限于当时的客观条件，就只能说是有了方向，却没有说明走那条路。例如《内经》说“肺主皮毛”，它的道理就是“金气坚定、皮象亦然，肺脏应金，故合皮也”。我认为这种解释并没有把肺与皮毛的真正关系说清楚，然而在临床上我们确知肺与皮毛是有关系的。如何来解释它们之间的关系呢？只有用现代科学，通过实验才能说明、解释了它们之间的究竟关系，当然就扩大了现代医学的生理及病理生理学的范围。由是，在诊断上就更加详细和正确，治疗方法也就增多，解决病痛就更迅捷。这种新的生理及病理生理学，就是古代所未有的、新的中国的独特医学，祖国医学在国际医学上将会占重要地位从而使中西医两种不同理论统一起来，如同巴甫洛夫学说一样，会给整个医学界以极深刻的和巨大的影响，在现代医学史上写下光辉的一页。

因此，我们就不仅要研究方剂和治疗，而且要研究祖国医学的生理学及病理生理学，也就是说祖国医学不但是要发掘它，而且更要发扬它。使我国医学不再分为中医和西医之别，填平了中西医之间的理论不同的鸿沟，达到真正中西医团结的目的。最后还必须指出这种创造性的、新的中国医学，应当是以辩证唯物主义为基础的新的中国独特医学。唯有用辩证唯物主义的立场、观点和方法来进行研究，才能很好地完成党交给我们的“以现代科学发扬祖国医学”的伟大任务。

为了使中医的理论研究工作能认真地开展起来，希望在有关的部门设立中医理论研究机构，调配适当人员，使中医理论经过研究推向新的阶段。

（原载《中医杂志》1957 年 4 期）

附录二　施今墨发言及建议稿①

《论述复兴中医三大重点》

今墨不学无术，今日得以参加医学高教会议，真是万分荣幸。我是中医，对于中医的教育问题，就不应当不过问。况且毛主席指示发扬中医，教育特别看重。我们但有所知，就不能不提出来供献。不管对与不对，都是要向大会求教的，我个人的意见以为真正要中医学术发达必须掌握高度科学性的教育，即在深入探求、精密分析，于古典书史中发掘出原理原则，真实根据，高出于现代所知者一切之上，顺乎人情，合乎物理，施之于实验而不爽，推之于今古而皆宜，立为标准、悬为法则。中医从无如此明确之断制，有之则唯掌握科学，始能得此结论，然后用以编为书籍，选作教材，定为学校必修课程，承先启后，教学兼资，使具有文化水平者，更能造诣高深，郁为医界全材，足备临床实用，窃谓教育终点，即是中医进化学术崭新应用皆当而已，至于如何兴办学校，如何实施教育，我是外行，不敢妄参末议也。

（1954 年）

《建 议 书》

为建议组织中国医学学典编纂处。着重编辑：中国历代名医传，中国医学年鉴，中医验方“汇辑”。以便发扬祖国医学文化遗产，表彰前贤，系统地编纂历代医学，彻底地发掘被埋藏及散在的医学宝藏案。请公决交付执行事。

按我国医学远溯周汉以来，《灵素》《本经》，上托神农黄帝，而不失为先秦作品。《伤寒》《金匮》《难经》《脉经》，非特阐理精微，其在审证处方，釐然有序，谛属中医之经典著作。《千金》《外台》，精华盛撷。逮后金元四大名家，有补于前，徐叶二吴，标帜于后。

① 为尊重历史，施今墨发言稿如实载入。

从皇汉医学，则证明祖国医贤，早被东瀛尊重，由时珍伟大著作译及西土，其列先进科学之俦，举世皆知。

然祖国几千年来，医学贤圣代不乏人，而为社会所识者，其数恐是先贤之半，非其无术可传。敢知封建社会时代，纯为劳动人民服务之医，虽有伟大事迹和学术，亦多成为无名英雄，因其未结权贵，则名难单列医传，而今散在子集丛中或各县志间所见者，抑为先贤师范。论其救死扶伤对人民贡献功绩，不但伟大堪扬，而其方术经验，更属祖国文化丰富遗产之一部。先贤才德，宝贵遗产，被埋千载，若不逢无产阶级领导之社会，彼等先贤永无表彰之日。

幸我党和政府暨毛主席英明领导，大力提倡祖国医学，虽设有中医研究院，但其工作多系偏重医术研究。而对祖国医学年鉴，先贤传记与被埋藏散在之验方，似未顾及。今墨束发学医几十年来，深虑先贤学术多被埋藏，无人系统整编，殊为憾事。志欲当仁不让，于义应承，我虽年迈，岂敢后人，奈以编纂上述工作，实非私力能为。是敢建议公决，予以组织中国医学学典编纂处。从事系统编纂，搜集被埋之医学零金碎玉，将必收获价逾连城。不仅在发扬祖国文化遗产增加财富，而对医药学术裨益更深。倘蒙通过付诸实行，今墨当愿另拟编纂规划草案再陈。吾以发掘祖国文化遗产事业出发，故此不计诽誉，敢提建议。敬请

公决

（1954 年）

《在全国政协二届一次会议上的发言稿》（节选）

我是一个在北京行医 40 余年的中医，虽然我诊治过不少患者，然而我终觉得还未能更好地和广大群众取得更密切的联系，为人民服务的精神还是非常不够的，何以说呢？因为大家都知道在反动统治下无论中西医，都是没有政治地位的。在当时，反动政府对于祖国的医学遗产，向来是不曾重视的，再说清楚一点，是听其自生自灭的。在这种情形下，对于每一个人的力量，根本谈不到充分的发挥。现在却大大不然了。如像我个人这次能够参加中国人民政治协商会议，固然是感到无限的光荣，但是这光荣绝不是给我个人的，而是给予新中国全体中医的同仁。因为这是说明在中国共产党和毛主席领导的新社会里，中医的政治地位是提高了。

新中国成立后，在政府重视祖国医学遗产政策下，使中医得到了指导和联系与组织，因而全国的中医能有更多的机会发挥主动性和积极性。特别自本年 7 月

间，听到毛主席对中医工作的伟大号召后，中医同仁，个个感动。目前许多医院都设立了中医门诊部，我个人就参加了协和、北京等医院中医部门的工作。在全国各地，也有不少中医都自动地把自己的家传秘方公开了。这种行动说明新中国的中医，由于受到政府的鼓励和帮助，都认识到自己已经是国家的主人，自己的技能是应该充分提供出来，为国家、人民服务的。中医的思想水平提高了，中医今后一定要加倍努力，掌握科学知识，把自己所学的、所能的、尽量的毫无保留地贡献给国家和人民。至于中医与西医之间，应如何互相交换知识，观摩学术。至于中医书籍的如何整理重编，中医教育的如何提高增进，及中国药物的如何改革和推广等，我在不久前曾经向有关部门提出过意见，现在因为限于时间，我不便更多赘述了。

同时，经过新中国成立后许多事实的教育，中医都感到本身在政治和技术方面，都有了更大的发展机会，中医对新社会的热爱，也因而与日俱增。

（1954 年）

《为迎接国家的社会主义文化建设必须加强中医工作的建议》

（甲）目标

自从中央提出了过渡时期总路线，总任务以后，各界的人们通过学习，联系实际，纷纷订出配合总路线要求的计划，各地区也同时展开了“加强文化教育工作”以及“卫生工作为社会主义建设而服务”的思想教育。我们医务工作者在中国共产党七届四中全会和第三届全国卫生行政会议精神的指导下，对于中国新医学的建设方向，有了进一步的明确认识。

我们在一切为了总路线的要求下，所有各种不同技术的卫生人员，必须打破中西新旧的界线，在原有基础上加强团结，更亲密的互相帮助，携手合作，首先要为“中西医学术交流”做好准备，使未来的新医学能开出光辉灿烂的花朵，结成丰满的果实。“祖国医学”遗产是我们民族文化遗产之一，虽然它披有不洁的玄学外衣，但也有它“合理的核心”，所以我们必须用现代科学的观点和方法加以整理，接受其合理的内容，使之成为新的世界医学的一部分。现在我们的新医学已摆脱了机械唯物论，细胞病理学的枷锁，今后更将在加强团结的基础上，对“祖国医学”原有的丰富经验不断地研究，批判、发掘和提高，这样逐渐过渡到社会主义时代，也就不再有中西新旧之分了。

我们为了达成上列目标，特为如下的建议，作为我们共同努力的工作方针，也是我们在过渡时期的总任务！

（乙）建议内容

一、继续开展中医进修工作，各省应普设进修学校

中医进修是随着中医科学化的正确指示而进行的。过去由于客观条件的不同，因此在各地区举办各种形式不尽相同的进修机构，通过新医同志们无私的帮助，把科学的医疗预防知识介绍出来，使中医同志自动批判了以往的保守观点，不但技术方面在不同程度上有所提高，而且在爱国卫生运动中，也发挥了一定的作用，我们于此可以看出进修制度的正确性和进步性。

目前的进修教育，还只是点的发展，没有全面推广，尚难满足广大中医的要求。由于某些下级基层卫生干部对中医工作重视不够，以致有些地区至今尚未办理进修工作，或仅办了少数短期的班，而未加推广，所以经过进修的至今未达全国中医总数十分之一，尤其某些地区对已进修结业的中医，没有适当地分派工作，以致学非所用。造成人材的浪费，此外由于部分中医文化水平较差，对新事物接受缺乏敏感，思想觉悟不够，因而也引起了某些部门个别干部“过分强调中医的缺点”，忽视对中医的团结和提高工作，以致在中医本身也有了“新旧”之分，这正是互为因果的，其责任并不单在任何一方。我们对这些缺点必须进行检查加以纠正，以加速中医进修的完成，自应以贯彻进修教育全面推广为原则。因此我们要求在够得上条件的地区，至少在省的一级必须各设“中医进修学校”一所，其他人口较少的市、县级，也应分别举办进修班，其已停办的仍应恢复，或另行举办较高级的进修班，以期在不同的基础上不断提高，使今后中医获得有更多的工作出路。

二、重点设置中医实验医院

中医实验医院的设立，是发掘“祖国医学”遗产和“中西医学术交流”的良好基础。在某些病症通过了科学的诊断以后，应由有经验的中医同志，进行专责治疗，对于发挥中医潜在力量，更好地为总路线服务，有着重大的现实意义。不仅如此，特别在发掘原有医学丰富的传统经验，通过实验阶段以后，更可把有用的材料整理出来，以提供现代医疗上推广应用，进一步地丰富了现代医学的内容，使新中国的新医学更加充实。现在我们要求先在大行政区卫生局所在地作重点试办，以后视客观需要，逐步推广设立到各省级，或在其他“综合医院”内一律增辟“中医部”等，也是适应过渡时期需要的卫生设施之一，这样对于“团结”和“交流”必可发挥更为巨大的力量。

三、调整中医学会组织系统

自从人民政协全国委员会文教组和中华医学会发起了“中西医学术交流”运

动以后，各地中医学会的任务已日形重要，对于中医学会的统一领导，健全组织的要求，也更迫切。现在各地已成立的中医学会，其名称和隶属关系并不一致，有些地区称“中医药学会”有些地区是独立的组织，有些地区则附隶当地“卫生工作者协会”组织之下，不但名称不一，而地位、职权都有分歧现象。我们认为在加强中医工作的总要求下，对“中医学会”的组织系统，必须重行调整，尤其是“卫生工作者协会”的组织，只是各种卫生人员一般性的集合，其性质和“中医学会”有着许多不同之处，它们之间虽然需要联系，但隶属关系是不应存在的，为了更好地做好中西医学交流工作，全国各地“中医学会”应为独立的组织，今后一律接受中华医学会总会与北京中医学会双轨领导，并以专科学会的形式，参加各地中华医学会分会活动，以归统一，这对中西医学术交流工作的开展，将会有更大的帮助。

四、改变中药剂型，促进中药科学化

中国国产药材是由小农经济和手工业加工的生产方式发展的，它的业务方针，是比较落后的。由于配制方法的守旧，使许多有效的药物，大大削弱了它的效力，甚至变成无效。另一方面，因为它是原始生药的形式。所以用量广大，调剂费时，取用不便，在参加集体劳动中，同志们往往为了随时服用便利，明知中药有效而仍然乐于采用新药，这样也就影响了中药的正常发展。因此改变中药剂型。已不单是进步的中医们的要求，而且也是广大人民的迫切要求。如果剂型改变以后，它的发展已不限于中医使用，更可推广到现代医疗的各部门，这是符合社会主义建设过程中所需要，而且还有一定的经济建设价值，所以我们必须提倡。

目前虽有各地小型的私营厂商在进行这项工作，但仍在试验阶段，故作用并不很大。我们要求由政府来领导掌握，计划在各大行政区卫生局所在地开办新型的中药厂，以公私合营的方式来进行，选择有效成方及常用的单味中药，按照需要，重点制销，以后逐步推广。将来的实验医院、联合诊所等，均应采用此种“新中药”，借以减少浪费，提高医疗效果，尤符增产节约的原则。

五、编辑中医统一标准用书

中国医学有着整个的基本体系，它和临床运用是不可分割的，但是中医同志们由于文化水平的不一致，因此他们所能掌握的祖国医学的经验并不是全面的。因为中医在过去受着封建社会的影响，有着师承宗派的隔阂，这也是中医进步的障碍，所以首先做到在原有经验基础上作一定程度的提高，这是十分必要的。某些中医同志因为原有经验基础的不够，所以在进修中特别感到科学理论和临床实践无法联系，反而形成了“滥用新药”的偏差，不免使进修工作降低了预期的效果，这是不可忽视的。为了补救这一缺陷，所以我们提出了整编中医统一用书的要求，虽然这一工作不免有些困难，但是我们的要求并不过高。我们暂时不必做“流通”“接轨”工作，只要将祖国原有医学扬弃了不合理的部分，把累积的经验成果有批判地介绍出来，以供中医同志们的复习，使能提高到一定的水平，这工作并不是无法进行的。

过去中医界人士，也有关于中医科学化著作的出版，他们有着丰富的临床、教学和写作经验，虽然以往的成就并不一致，今后如果采用集体的编写方式来进行，名人的缺点是可以克服的。这一统一标准用书的编写，不但对中医们在原有经验基础上提高起着一定的作用，而且介绍祖国医学的具体内容，扼要地用现代语言写成浅显的文字，也可供新医同志们参考，借以帮助他们对祖国医学作初步了解，尤其在中西医学的初步交流接轨过程中，必然会有一定的作用。

六、重点试办中医学校

一个国家只有一种医学，中医教育原不需要单独发展，但因现阶段的医学教育并没有“原有医学的课程，而且新医同志也还缺少接受原有医学”合理核心的具体经验，因此设立以教育现有中医为主的中医学校，和社会发展的方向并不抵触，祖国原有医学虽然缺乏科学的说明，但它在某些部分同样具有科学内容，不仅药物与针灸值得重视。我们由于巴甫洛夫学说的学习，已初步体会到中医学从整体性出发的“诊疗体系”，确实有它合理的核心可以发掘，这已由“新针灸学”的实验和推广，以及中医院或中医门诊所的成绩等，获得了证明。

我们认为中医学校的设立，其教育对象是目前登记合格的中医，以造就较多的、较高级的中医师资这是使广大中医在原有经验上提高的另一方式，与旧社会中医学校的性质完全不同。如果中医同志在原有经验上没有较高的学术水平，中西医交流工作就得成为少数人的任务，也不可能做到合乎理想了。目前的中医进修教育，已有多数人要求增加中医原有课程和推广“中医学术研究”的讲授，但最成问题的仍是师资的缺乏。因此我们认为在原有经验基础上提高的“中医教育”，不妨和进修学校合理分工，由中央卫生部直接领导，先在北京重点试办，集中全国人才来合力参加这一中医学校的筹备工作，并进行试教，如有成就，亦可在各大都市增设第二、第三校，仍归中央统一领导。这样由提高教育再结合到实验医院的临床统计，一定能把“祖国医学”有系统地整理出来，以为未来中高级的新医教育课程中加入部分的“祖国医学”课目创造条件，俾达新旧医学合流的最终目的。这是我们以实际行动来迎接伟大的社会主义文化建设的献礼！

左列各项，是否有当，敬候
公决

（1954 年）

《科学院设立中医学理研究所的建议书》

一、前言

今年 3 月间在全国政协大会上，我曾建议在中国科学院内建立专门机构用现代科学研究祖国医学，发言内容曾登载在 1957 年 3 月 25 日《人民日报》第 11 版。这个建议已由政协交有关方面处理，迄今数月，尚无消息。想必科学院正在研究考虑。原建议是纲领性的，现在再写本文，补充前言之不足，提供参考，这不仅是百家争鸣政策下贡献个人的芹曝，而且是关系乎祖国医学的前途和 50 万中医大军的业务提高，我切盼这个建议能被接受，也希望党中央和学术界予以有力的支持。我认为党中央的中医政策是确定不移的，向科学进军的号召是全国响应的，领导科学研究事业的同志们不会忽视或犹豫吧！

二、为什么要设立中医学理研究所？

目前各方面都在厉行增产节约的情况下，提出增设机构来做中医理论的研究工作是不是不适时呢？我的回答：节约必须与增产联系起来看。请允许我把设立中医学理研究所的迫切性和重要性先说一说。

党中央的中医政策近几年来大力推进，使中医学术不论在人民的保健卫生方面，培养人才方面，继承医学遗产方面，专题研究方面……都有了显著的成绩。现在 50 万中医大军组织起来了，中医和西医团结起来了，可是问题也在进步的过程中不断被发现，而最突出、最严重的问题是没有一套经过科学研究和专家整理的中医理论作为指导核心。凡是对于中医经典著作下过功夫并结合几十年临床经验的老中医都肯定中医的理论体系是完整的、科学的，就是西医的专家们也是承认的。毛主席的实践论指出：一切真正的知识，归根结底都是起源于直接经验，直接经验来自实践。当人从直接经验中得到了感性的认识，又从感性认识中的感觉和印象，经过多次的反复，以抽象的方法得出了概念和规律。人在理论认识中所得到的对于客观世界的、规律的知识是否跟那些规律完全相合，也还待考验，考验也还待实践。真正的知识出发于实践，也归结于实践。中医之所以能够存在至今，能够被广大人民群众所信任，因为它有疗效，疗效就是临床的实践。几千年从临床实践得来的疗效，假如说它没有理论做指导是不可想象的事。在悠久的中国医学史上，不知有多少总结疗效而补充理论，提高理论而推出疗效的反复向前的事例，但是现代科学的理论体系奠基在现代科学的研究方法之上是当前的迫切任务。

试以日本为例。日政府在明治年间曾明令废止汉医，然而数十年来人民一直重视它，汉医在日本延绵至今，不但废止不了，而且也被科学界所重视而研究它，由肯定疗效而研究药物，由药物之不是以孤立地解释疗效，更进而研究内经理论。其研究方向迂回前进，其归结到理论研究是必然的。他如苏联，法、德、英、美国……也都在研究中医，不仅学习中医治疗上的“当然”，而且研究其“所以然”。国际医学界都在研究中医药理论。我们自己却对于中医研究的工作停留在肯定疗效的阶段上，大大落后于客观发展的形势。

让我们分析一下当前中医界的情况：据统计中医大军约有50万人。这50万人的大军绝大多数是由旧社会保留下来的开业大夫，他们的业务水平参差不齐，对于中医理论的接受也不一致，所谓各是其是，各非其非。当然分歧可以存在，只要把病治好，但有些分歧显然会导致疗效上的预后不同。我深信一般中医大夫都有传统的美德，实事求是，从善如流，只要哪一种理论更完善，都愿意接受。他们是渴望祖国医学放射更多的光芒，不甘心落后或混乱。如果我们要壮大这支队伍，使它和其他学科一样，向科学进军，那么在中医方面赶快展开理论的研究工作是最基本的。

其次，现存中医典籍，初步估计，当在万卷以上，这还不包括埋藏在史部集部里的医学资料。其中经典著作不太多，大部分是瑕瑜交见，醇疵互出，即有些肤浅简陋之作，也不能说是完全要不得。这一份汪洋浩瀚的祖国医学遗产，过去没有做过笼罩全局的整理工作。一般中医师既无财力来搜罗这么多的书，亦无时间来钻研这么多的书。加之时代较古的医学名著很少经过考订校雠的科学整理工作，即以注家多至200余家的《伤寒论》来说，还没有出现集校精本。这真像处女林一样。所以造成这种情况的原因，一方面是以往统治阶级的御用学者把中医看作方伎之一和卜筮并列，轻视这份遗产；一方面是科学方法研究中国学术还是近一个世纪的事，人们的注意力还无暇及此。这样·个原料太多、加工太少的局面，和目前西医学中医、中医学院培养新中医、国际友人想学中医等等客观形式的要求太不相称，难怪西医在学习中医的过程中觉得困难重重。试问把《内经知要》《伤寒》《金匮》《神农本草》及《温病条辨》四五本书学一下就算掌握了中医吗？学者对于中医的精神实质既不能领会其全貌，而对于某些糟粕的支节却引起教条主义或怀疑。为此，大家有一个迫切的要求：赶快把祖国的医学遗产来一次大规模的整理与提炼，在科学研究的基础上集中其精华，批判其糟粕，做出适合于现代要求的各种新的教科书、参考书，以及各种深入的专题论文。

第三，必须指出：近百年的中医界，在西医的排挤、统治阶级的漠视与打击下，没有得到正常的发展，50万中医大军之被保留主要是靠人民的支持。然而从中医发展史来衡量是这一时期的中医不能不说是比较萎缩的，只看近50年的中医著作比起其他学科来，不论在数量上或质量上都不够强。加之近20年受战争影响，后辈比前辈的学习环境差。假如我们把50万中医按年龄分为三类：20岁以上的、40岁以上的和60岁以上的。按常理说应该是40岁以上的起骨干作用，而实事上，还是60岁以上的人由于临床经验多些，幼年的学习环境好些。所以这一批老中医已经受到党和政府的重视。然而他们毕竟老了，人数一天天减少。因此，对于中医理论的研究工作不宜再有拖延。我们必须迎头赶上，调动一切可以调动的力量给中医打个坚实的基础。我认为有三支力量可以动员起来：一支是有丰富经验的中医，一支是中西医学都曾正规学习过而临床也有一定经验的，一支是对中医有一定认识的汉学家（包括史学家），这些人必须以研究中医为终身事业。时间是无情的，要搞就得趁早。

末了，我得谈一谈研究中医理论体系的实际意义。我们大家认为中医有它的优越性，我们要以现代科学方法来研究中医理论，其目的不仅为中国人民服务，而且要把中国独特的医学体系为全人类服务。这不是幻想，而是世界文化交流的必然趋势。例如苏联的巴甫洛夫学说，已经影响了国际医学界的理论基础。假如我们把《内经》作为最早的中医理论名著，那么中医的理论体系一开头就走上正确的道路，它是整体看问题，联系看问题，发展看问题。所谓阴阳、五行、四诊、八纲、七情、六气都是从实践中做出的总结，只要用心体会，放之患者而皆准。很多地方似乎暗合巴甫洛夫学说，还有不少地方连巴甫洛夫学说也不能解释，又似乎有更独到的见解。凡此若不通过现代科学的细致研究，就难以有说服的力量。目前情况，且不说西医对中医有颇多存疑之处：即中医内部对于中医理论的领会亦有矛盾。矛盾的双方，照形式逻辑说来，或甲是乙非，或乙是甲非，或甲乙具非。而事实上最可能的却是甲乙俱有部分是部分非，双方肯定其是而且其非亦肯定之。这样无休止的驳诘永远也统一不起来，而且学术上的是非也不是协商方法所能解决的矛盾。只有通过科学研究，使真理放在可靠的基础上，才有较高的说服力。目前有些西医同道们仍存在一种“对号入座”的思想。他们把中医学说与西医学说去“对号”，凡是符合与西医的就认为是科学的，凡是不符合的就认为是不科学的，这种见解是把西医绝对化了。须知人类对于医学科学的水平还须要不断地提高，尤其在原子放射线应用到医学上来之后，使医学更有广阔的前途。安知今天科学所不能解释的东西变成为明天可以解释的呢？而况像整体论的中医理论，在临床上证明是很有道理的。严格说，这种“对号入座”的思想却是不科学的，为了解决这一系列的问题，只有赶快把中国理论的研究工作切实做起来，才不落空。

除了上述四点理由外，我请有关方面再从问题的反面考虑一下，就是说，中医理论的研究工作推迟一下，或者分散到各中医学院去进行，或者听其自流，总之现在不搞，这样行不行呢？我认为不行。因为目前中医的地位已经提高了，人们对于中医的要求也提高了。如果没有一套完整的质量很高的中医理论摆出来，首先西医就不会心服，更谈不到国际水平了。我们要马上抓紧领导，迎头赶上，还觉得落后于形势的发展。

三、为什么中医学理研究所应该由科学院领导？

首先，目前纯粹的中医机构有卫生部（现卫健委）所属的中医研究院，四个中医学院，各大城市的中医学会，各处的中医医院、联合诊所等等。这些机构使50万人的中医大军组织起来，团结在人民政府的统一领导下，进行各种业务工作，然而这些机构都不具备独立进行中医理论的科学研究工作的条件。即以中医研究院论，它有它自己的任务，例如教材的编写，治疗经验的总结与推广，医术验方的收集，医史资料的整理，疑难病症的治疗和讨论，以及中药的鉴定，针灸的探讨，头绪纷繁，做的都是现实具体的工作。他们的工作正如工业部（现工业和信息化部）、农业部（现农业农村部）所属的研究机构同一性质，就是从各部门的实际出发，解决一些具体的应用范围内的问题。因之，用现代科学研究方法来阐明祖国医学的生理学及病理生理学等等，使中医理论体系提高到科学的新阶段上来的工作应该由中国科学院领导。理由如下：

中国科学院范围内对于祖国学术设有专门研究机构的很多，除非我们不承认中医是有科学精华的。不承认医学遗产是珍贵的，那么我们没有理由说中国语言可以设研究所，而中国医学不可以设研究所。我们只能说中国科学院正在发展的开始，前几年设立中医理论研究所的时机还没有成熟。我们还不能说中国科学院就放弃了对中医研究工作的领导，近年来，中央的政策、政府的号召、人民的支援，都认为中医必须发扬光大，而在领导全国科学研究工作的最高学府科学院却没有成立中医理论研究所是不正常的。客观形势已经很清楚，中医理论的研究工作不能不做，别的机构还没有做，或不可能集中力量来做，中医理论的研究机构就可以缓做，事出急需，责无旁贷。

其次，中医的方面很多，但中医的地位取决于中医的基础—理论体系能不能在科学上站得稳。这样的工作，一定要在科学研究的浓厚空气中才能做得出色，也必须在科学家的队伍中切磋琢磨才能做得细微，也必须具备现代化科学研究机构的良好设备，妥善规划的物质基础上进行，才能取得预期的效果。中国科学院领导全国向科学大进军，中医理论研究工作应该包括在内。一旦中国科学院的中医学理研究所拿出研究的成果，自然就推动中医走上现代科学的道路。从而鼓舞和教育50万中医大军，又从而丰富世界医学科学的内容。只有这样做才能达到国际水平，而且以独特的风格争取国际的声誉。

第三，目前中西医之间是有些界限的。政府的政策是团结中西医，互相学习，互相提高。然而目前由于中西医的理论基础是两个不同的体系。西医学习中医必须全面学习才能掌握中医的实质，光是记些方子，光是懂些穴道是不够的。中医学习西医也不光是记几种急性传染病，光是学些量量温度等，必须学习现代基础医学，掌握科学诊断方法会用近代仪器检查做出确诊，又能行使最新外科手术，这样才能解决更多的病种，符合实际需要。所以现在的团结只是政治的，还不能算是业务的。如果中医的理论研究奠基在现代科学上，那么将来的中西医可能理论统一，汇流为中国医学的独立体系，才能真正团结。必须指出今天的思想情况是西医怀疑中医不科学，不是中医怀疑西医不科学，而且西医承认中医对于某些疾病疗效好，理论妙，但没有通过现代科学的研究就是不放心。而中医呢，有时心知其然，不能用现代术语来表达，所以用现代科学来研究中医理论是中西医的共同要求，也是国际友人对我们的期望。这样的重要工作，科学院不做，还有谁更合适来做呢?

第四，从中国历代医事制度史来看，2000年来专制王朝的中央都设立中医机构，虽然它的主要任务不是研究；但自隋唐及明清，历史告诉我们，中央的中医机构和图书机构做了不少有益的整理，研究、编纂、撰著，及其他改革总结等工作。今天，政权由人民掌握，反而在中央的中国科学院没有中医的研究机构，能说不是遗憾吗？也许有人说：卫生部已经设立中医研究院不是一样吗？我说不一样。前面已经说过卫生部（现卫健委）所属的中医研究院，其工作着重在应用方面。它本身的各项任务已够繁重，十年内能做出些成绩来就算是很好的了。至于中医理论的研究工作是基础医学，它可以不做，也没有做。有人建议把中医研究院的工作范围扩大，增设一个理论研究所，这当然很好。但我认为科学院设中医理论研究所更好，类如理论力学研究所不属于重工业部（1956年撤销）而属于科学院是一样的道理。当然科学院的中医学理研究所和卫生部（现卫健委）的中医研究院是分工合作的，这样做，既不重复，又不牵制，更有利于中医的发展。为了配合党中央的政策，科学院必须把中医理论的研究工作领导起来，这对于国内、对于国际都会有良好的影响。退一步说，有人认为中医只有一大堆经验，还不是科学，那么，科学院如果不否定这份丰富的遗产的话，也是有责任把它从经验提升到科学上来。

四、中医学理研究所的工作规划大意

假如把中医理论作为一个单元来看，可以把它当作经史子集四部编写。然而这不过是一个比方。实际是四种分工。

（1）我们要把中医理论精华串连编写，也就是凡自古至今的中医理论与临床实践相符合的都谓之经。这就是中国医学（包括方术在内），而后用现代科学去释明这些精华，创造出中国独特医学体系。

（2）凡是能阐明祖国医学的发展规律的谓之史，也可以说是“医史”。

（3）把历代名医的事迹，医案、学说……编写历代名医列传，这类的谓之子，主要是表达各家学术思想。

（4）包括各种本草，（并摄制图谱）各种医学类书，铃医单方……谓之集，这一部分就是写成一部中国医药全集。

我认为初步的规模不要大，所以可以分三个组，第一是理论组，附实验室。第二是中医理论史组，附历代名医列传编纂室，第三是资料组。

关于理论组如何进行科学研究，12 年规划如何制订，各专家的意见可能还不一致，我想这只是方法问题，可以经过商讨而取得一致的。大致一部分可以从文献里得出结论，一部分可以从临床统计上得出结论，一部分可以通过动物实验而得出结论或一、二、三种方法综合而得出结论。应该研究什么，先订出一个专题纲要，然后结合研究者的专长分别进行。

关于理论史组如何进行科学的研究，12 年规划如何制订，我想专家们的意见在原则是一致的。我认为理论史最好先做历代名医的专家研究，较为实事求是。因为每一名专家的见解和他一生的经历和环境是密切联系着的，他自己所受的影响和他给别人的影响对于中医发展有很大关系，理论史组的规模视人手而定，医学专家、史学专家也应当参加。

关于资料组，这在草创期间特别重要。例如：①编纂中医书籍总目；②做好中医名著的提要、校勘、注释、标点等工作；③辑录中医史料工作；④编辑中医论文的索引（包括外文）；⑤编撰中国医学史年表；⑥编纂中医术语辞典；⑦编绘有关中医理论研究的图谱；⑧搜集有关中医的情报……这些工作，过去的专家们往往不想做而又需要它，按资料的处理必须科学化，才能对于理论研究工作提供有利的条件。

以上是我个人不成熟的初步意见，希望领导和专家们共同商讨，另提更全面更切实的规划。我们老年的中医只要亲眼看到中医学术被送进了科学大门，并欣欣向荣与其他科学一道在党的领导下向文化高潮迈进，我们将兴奋地贡献一切力量为这一事业而努力。

五、成立中医理论研究所的条件是否具备？

也许有人说：意见的动机倒是好，不过，目前的条件不具备。第一是研究的人没有，我们没有像巴甫洛夫这样的现成人才；第二是在节约的时候增加一笔不是直接生产的研究费用，是不上算的。我却认为现在条件已经具备，分析如下：

研究的计划，在很大程度上决定于研究的人。做中医理论研究工作的人最理想的要具有四方面的渊博知识：第一是对中医理论的经典名著，曾下过功夫，而且结合临床经验有较深的体会；第二是对现代科学，尤其是生理解剖、病理生理……乃至原子物理，有广泛的知识，有独立做实验的专门修养；第三是对中国文献，掌握文字训诂考据等丰富知识；第四是对辩证唯物主义与历史唯物主义有透彻的理解。还要加上：思想上坚决追求真理，感情上热爱祖国，身体上胜任艰苦工作。这样十全十美的人才现在没有，我想再等五年也不会有，假如不培养的话过多少年也难有。然而接近理想的研究人员是有的。例如对于中西医都下过功夫的人是存在的，一种是西医出身后来搞中医的，一种是中医出身后来搞西医的。又例如对于中医和汉学（包括史学、文学、哲学……）都有兴趣的人是存在的，一种是汉学为本而旁通中医的，一种是中医为业而博览古籍的，又例如理论与临床均有卓识曾任教授的中医专家是存在的。上述各种人才既是存在的，那么，只要动员起来，一支小规模的中医理论研究队伍就可以组织起来。我想这支研究队伍在正确的领导与热情的鼓励下集12年规划的研究成果，谁也不敢武断说一定不能产生中国的巴甫洛夫？必须提醒的是这样的研究工作是前人从未做过的，外国人也不会来代我们做。我们不要把现有的力量低估，也不要对它苛求，研究事业的本身也是培养专家的过程。

至于经费，在最初阶段不会花多少，大约有中国科学院的一个医史研究所的经费，就足以推动研究工作了。我想花这么个钱来做一件关系乎6亿人的健康、50万中医的业务、几千年的遗产和祖国的国际声誉的研究工作，不能说是浪费吧！

六、结语

我从事中医数十年，生平对中医的研究和教育一直重视。如果在旧社会要我提这样的建议，那是不可想象的。现在情况变了，京剧有了研究院，国画有了研究院。中医理论必须设研究所，是大势所趋，人同此心。希望领导上抓紧时机，早日做出决定。

至于中医理论研究所规模草案，我还要慎重斟酌，暂不附去。一俟领导上对我的建议有所决定，再提出研究。

（本件已分送各有关部门）

（1957年）

《改革中国医学教育的建议》（节选）

在党所提出的“鼓足干劲，力争上游，多快好省地建设社会主义”的总路线光辉照耀下，祖国医学遍地开花，解决了很多以往解决不了的疾病，对人民保健上有很大的意义，由是更证实了党的中医政策的正确性。卫生部（现卫健委）召开的全国医药卫生技术革命经验交流大会上，突出的在祖国医学方面放出异彩，毛主席早在延安已经指出祖国医学之重要性，证之今日，足见伟大的领袖的预见之英明。党中央提出的教育方针就是灯塔，人人成为多面手正是当前所急需，而医学教育中仍然划出中医西医之别，似有改革之必要。

发扬祖国医学关键在于西医学习中医，已经在全国各地所办的“西医学习中医研究班”得到了证实，但是西医院校至今尚未增添中医课程。有的院校准备设立中医系，有的院校准备添设中医课100小时，更有的院校准备增添中医课500~600小时，使西医院校学生也学会了中医治疗，究竟何者为佳，迄无定论，据闻中医学院已有西医基础课，而无西医临床课，学成之后仍为单面手，诚欲促使中西医学合流必先进行中西医合作，与其西医院校毕业后再去学习中医，或中医院校毕业后成为单面手，不如不分中、西医院校，凡是医学院校均有中西医课程，都会中西医治疗，每个毕业生都是中西医皆通的双面手，如是则中西医合流问题为期不远了。据目前中西医院校教学改革情况来看，减少理论课时数增加学习中西医课时数，6年足矣。今墨素无办学经验，根据当前跃进情势，提出建议，谨供参考，促使早日实现中华民族新医学实所幸盼。

（1959年前后）

《关于抗老强身的科学根据、社会基础和医药方案》（节选）

主席、各位委员、各位医药工作的同志们：

祖国在建设社会主义的道路上取得了震动全世界的光辉成就，我以一位医药卫生战线上的老兵，被6亿人民的冲天干劲所鼓舞，谨向大会提出关于抗老强身的科学根据、社会基础和医药方案。

一、关于抗老强身的科学根据

关于人类寿命的长短，原不是固定不变的，他是随着先天的遗传和后天的生活环境、保健条件而各有所不同。人类既为生物中的一物，他也和一般生物同样地有新陈代谢的变化作用。我们提出抗老强身，绝不是幻想长生不老，因为有生必有死，企图长生不老，是违反新陈代谢的客观规律。所以历史上只有长生不老的神话，绝无长生不老的真人。我们也绝不相信宿命论，说什么人类寿命长短各有命定。我们提出抗老强身，是从科学上论证人类在一般良好的生活环境和保健条件下生活，都可以得到百年以上的长寿。苏联学术界研究人类寿命做出科学的结论说："每人平均都可以活到150岁。"中国古代也以百年为中寿（见文选诗注引养生经）。中国最古的一部医学经典《黄帝内经》说"上古之人，春秋皆度百岁而动作不衰"，又说"夫道者能却老而全形"（均见上古天真论）。所谓上古之人长寿，是指无阶级压迫的原始社会。所谓道，是指精通医药摄生的道。中国古代精通医药的大师，享年多在百岁以上。《后汉书·华佗传》说：佗"年且百岁，而犹有壮容"。华佗弟子樊阿，"寿百余岁"。《旧唐书·孙思邈传》说：思邈年在百岁能上能下，"视听不衰，神采甚茂"，足证人类寿命，本应普遍活到百岁以上。中国地名，多冠寿字，儿童取名，多称百岁，足证长寿不仅是人们的愿望，而寿满百龄，也是人类应得的天年。未满百年而死，都应该说是夭折短命。短命是身体受到了各种损害，如果不受损害，得到应有的保养，普遍活到百岁以上，绝不是难事。但一切抗老强身的方法，必须在新的社会制度，社会主义的社会，才能完全实现。

二、关于抗老强身的社会基础

人类生活在一定的社会中，生活环境，生活方式，生活水平，不能不随着社会的变化而变化、社会的发展而发展。在阶级压迫的社会里，千百万被压迫的人民，常常是短命的。因为阶级压迫，就是造成天灾、人祸、贫穷、疾病、死亡的根源。纵有保健延生的妙术也无法推行到千千万万啼饥号寒、互相仇视、互相残害的人民中间。"人生七十古来稀"，这句成语，用在阶级压迫的社会里，是完全恰当的。但到了阶级消灭、到了社会主义的社会，情况就完全改变了。五六十年前，中国变法维新的先进人物康有为在他所著的《大同书》里，已经谈道：到了大同世界，由于社会进化、医药进化、人类生活保健条件随之改善，每人最少都要活到一两百岁。这个问题，让康有为猜中了。

当前我国6亿人民，在英明伟大的中国共产党和毛主席的领导下，正以英雄的步伐向着社会主义的道路前进。6亿人民，首先在粮食增产方面，找到了从亩产百余斤到了不断增产的规律。找到了这个规律，就一系列地找到了改变整个社会面貌和劳动者自身面貌的规律。这就自然地对医药卫生战线上提出了一个新的要求：变事后医疗为事先保健预防，变衰退为强壮，变老年为童年，使每一个热爱社会主义、共产主义的中国人民，使每一个为社会主义事业而愉快劳动的中国人民，既能各尽其能，又能各尽其寿，这个艰巨而光荣的任务，就不能不落到全国医药卫生工作者的身上。

中华人民共和国成立后十年以来，全国医药卫生工作者特别是中医药工作者，在党和毛主席的爱护和指导下，不断发挥潜力，在医疗和保健方面，都获得了卓越的成就。

三、关于抗老强身的医药方案

近年以来，国外医药界，研究返老还童的方术，主要是注射“奴佛卡因”药针，我国也有不少人在试用，其效果尚有待于总结。在科学研究方面，不妨展开辩论，各抒己见。以我粗浅的观察，这种药针和我国古代养生家单纯服用松脂、芡实、柏叶等药物，似同属于消极封闭。封闭，仅能使新陈代谢作用暂时停止，如同水无来源，终有干涸之日。人们只能掌握运用新陈代谢的客观规律，采取积极的措施，培养新的壮盛的机能，以代替旧的衰老的机能，从这里收到延年益寿的效果。单纯封闭，纵有一时的作用，不是根本培育新生力量的途径，因此，对于这种办法我们不能完全采用。

我们先人在历史上积累了保健延生的丰富经验，主要分为用术与用药两大类。术与药分别运用，运用得当，持之以恒，均可收到抗老强身的效果；术与药并用，收效更为迅速。术的门类繁多，最著名的如吐纳导引等静功，易筋洗髓、五禽戏、太极拳等动功，动静结合，功效显著，历代都有传人，如有需要，可以访问援引。但我对此是门外汉，本方案所要提出的，不是用术而是用药。

在社会主义的制度下，人人都过着丰衣足食、愉快劳动、愉快学习和娱乐的生活，荀子所谓“美意延年”，只有这种社会才会实现。但阴阳寒暑的失调，起居饮食的失节，各种有害细菌的侵蚀，均能损害身体，因此，人类仍须继续与各种自然灾害和疾病作斗争。所以要人人各尽其能、各尽其寿，仍须借助于医药卫生工作。中国医药是千百代劳动人民长期与各种天灾疾病斗争的成果。但中药品目繁伙，必须审慎选择，灵活运用。秦汉以来的方士，多用金石矿物，烧炼成丸，号为仙丹，历代皇帝吞食所谓仙丹而死的，史不绝书。金石矿物，久经烧炼，燥烈异常，绝非血肉脏腑所能融化。这类药品，绝不能再以人身做尝试。

人类在未能完全控制自然的时代，一般年过四五十，就逐渐发生衰退现象。抗老返青，必须采取如农业增产不断追肥的方式，补养自身新生的机能，主要在补固精气，保护脏腑。只要精气不散，脏腑不损，天年未尽，便无死理；即便生机已尽，也可无病而逝，这在新社会是完全可以做到的。

我亲身经历过旧社会的黑暗时日，年近八十，神志幸未全衰。但吾生有涯，不可不念。我已盼到了新生的祖国，我热爱祖国两千多年的丰富遗产，热爱祖国向社会主义跃进的今天，憧憬祖国向共产主义过渡的明天，更珍视与吾同逢盛世的全国医药卫生工作者在医疗、保健方面已经获得的成绩，加上我渺小的一身几十年来临床的微末经验，更小心谨慎地斟酌了我们前人获有成效的各种秘方，从前人已经取得的封闭作用，再提高到积极追肥，培养新生机能，发展新的更壮盛的有生力量。本此原则，制就了补固精气的正副药方各一；保护脏腑的正副药方各一；更为便利广大人民服用易于普及起见，制就综合简化的药方一。经过初步试验，证实药力充盛而温和，绝无反作用。老年人服用，可以使身体逐渐发生新的变化，变多病为健康，变衰退为强壮。我打算把这 5 个药方，献给祖国，作为庆祝国庆十周年的献礼。我把这个医药方案及关于这个问题的一些粗浅的见解，谨向大会提出来，并请大会转给卫生部门审查裁决。我希望得到各级领导、各方专家及关心斯事的同志们的指导，大家共同努力，进一步发扬祖国医学的优良传统，进一步发挥医药卫生工作的积极作用，使祖国医药卫生工作达到国际的最高水平，使 6 亿人民，在体质方面，更增加无穷的潜力，在生活方面，更加健康、快乐与幸福。这是我多年来寐寤以求的愿望。关于这一方案的 5 个药方、药目、制法、服法、疗效及其理论上的一些根据，另有详细说明，这里不再一一声叙。

（1959 年）

《打破旧框框　大胆革新》

1954 年党中央制订中医政策后，十几年来中医事业得到很大的发展，各省市都有了中医研究机构，开办了几十所中医学院、中医学校，西医医院都有中医科，（西医学习中医成为关键问题）新中国成立后培养的新型中医已有万人上山下乡从事工作。在教学上编出了一套教材，不论在教育、科研及治疗上都有很大的发展，新的成就。整个形势是大好的，这是在旧社会绝对不可能成功的伟大事业。但是我们虽然有这样的成绩，却与党和人民的要求，距离还很远，还不能适应飞跃发展中的社会需要，我们从事中医工作的人，必须不断地前进，不断努力。

祖国医学的确是个伟大宝库，在几千年与疾病作斗争的丰富经验中，蕴育着无穷的宝藏，但是我们也要看到祖国医学受历史条件所限，既有精华也有糟粕，祖国医学的理论本来是来自于实践，具有自发的摸索的辩证唯物观点，然而后来羼加了许多封建的、唯心主义的东西，因此它的理论还不能是很完备的。毛主席说：“古代的辩证法带着自发的朴素的性质，根据当时的社会历史条件，还不可能有完备的理论。”所以我们不能把祖国医学的理论奉之为“金科玉律”“字字珠玑”，我们要区别什么是精华，什么是糟粕，怎样来区别呢？唯一的办法是实践，因为实践是检验真理的标准，继承那些经过实践检验过的精华，再到实践中发扬光大，再经过反复多次的总结经验和提高，通过中西医结合，必然会创出新医药学派，新的事物永远代替旧的，古人对事物的认识永远也比不上现代人，事物是不断地发展的，倒退是没有出路的。

我今年已然是八十多岁的人了，但是我有信心，新医药学派必定会创造出来，我希望新生一代要打破旧框框，大胆革新，不断努力，不断前进。让祖国医学成为世界医学中重要的部分，为人类幸福做出伟大的贡献。

（1964 年前后）

附录三　华北国医学院历届毕业同学录[①]
（第一～十四届）

第一届　1935 年

周哲生[②]　苏魁然　李祥锡　翟济生　哈荔田　王大经　王士俊　王泽敷
于永兴　赵松泉　朱紫阳　胡康年　胡尚仁　张耀东[②]　刘建辉　毕德吉
高莱旺[②]　蒋润生[②]　蒋国华　严隽浩　袁家玑

第二届　1936 年

丁鸣九　于有五　于云五[②]　尤华云　王述斌　王汝燮　王国荣　任冠民
邢树恩　何世英　何春山　谷嘉荫　李之向　李宝盛　吴兆祥　孟永禄
胡宪丰　施儒棠[②]　徐德惠　孙魁卿　冯　敬　张玉秀　董启肇　杨浩观
鲁延庭　聂澍方[②]

第三届　1937 年

王士杰[③]　王文庚　王松栋　王秉钺　王云书[③]　包庆曾　朱亚康　朱跻青
邢朝昇　李学栋　李树楷　李艳西　沈友义　周燕麟　段永康　哈玉民
降莲芳　郝钟锜　郭衡一　孙继勋　孙德昌　索延昌　梁建章　曹志敏
康明昭　张文鹏[③]　张卓儒[③]　张敬武　张汉英　贺蜀江　程宗周　叶拯民
杨化均　杨国亨[③]　杨耕云　杨同铎　刘宇安　魏　萱　关吉多　苏宝诚
董德懋[④]

第四届　1938 年

乜季平　丁培楠　王　儒　王子明　王敬熙　李志鸿　李鼎铭　李曼云
李宝懋　宋祖荫　李稚膺[③]　陈伯诚　郭仰山　高云鹤　张存英　张伯芝
张鸿图　赵　都　赵慕贞　杨医亚　刘英汉　魏明豪　顾小痴　刘鸿英

---

① 谢阳谷．百年北京中医．北京：化学工业出版社，2007，241.
② 余新忠选编．中国近代医疗卫生资料彙编第 12 册．北京：国家图书馆出版社，2018.
③ 华北国医学院第三届毕业纪念刊，1937.
④ 索延昌．京城国医谱．北京：中国医药科技出版社，2000.

第五届　1939 年

王锦文	王华昌	仇玉舟	朱世英	李玉善	李维宗	李　伟	岳中谦
徐振鹏	席慧芸[1]	张廷喆[1]	张守中	张百塘	张志雄	孙文颖	许天爵[1]
梁贵信	梁　伟	冯仰曾	乔洪譔	刘铁汉[1]	刘兆权[1]	阎丕衡	阎丽侠
王京东							

第六届　1940 年

史道生	王凤林	王诗彦	李定国	李德衔	李辰生[1]	李仲馥	武大亨[1]
郝熙润	马　吉	张慧中[1]	杨惠和[1]	杨巨明	溥敬徵	靳文康	赵彦昌
满伯良	卢德志	韩筱康	谷振英[1]				

第七届　1941 年

乜竹溪	王秉琰	尹选恭	仝示雨	田西固	何衍之	杜影舟	郜香圃
张子珍	马根样	马兴亚	杨文晋	杨晓正	刘蔚曾	蓝世勋	罗羽征
于宗诲	刘宗恒						

第八届　1942 年

王启风	王润芝	朱裕昌	李永荣	李廷兰	李淑琪	宓守谦	周家室
郝际云	纪震明	孙玉堂	孙祚民	梁建勋	黄　玮	陈永明	冯俊卿
张　源	张鹏翊	程捷庵	焦宝莲	赵　伦	赵馨岩	刘祖斌	刘勤职
储秀湖	阎润茗	张世杰					

第九届　1943 年

田隆丰	任永春	李祖芳	何恒昌	武树棠	唐际丰	郭席珍	郭彭年
张文波	张家琪	杨智杰	杨福临	杨贤达	赵奉甲	赵秉德	翟承祚
刘琛南	刘福民	薛继宗	关淑文	顾慰如	文　佑		

第十届　1944 年

王志新	王欣斋	任惠安	阮静宜	何定生	李昭麟	袁　焯	金亚兰
侯若望	孙光汉	徐国仟	高泽宏	陈开运	陈靖国	郭锦海	付竹坡
张全德	万淑杰	赵魁文	刘世铮	刘明坦	韩继卿	孙一民[2]	

---

① 华北国医学院第三届毕业纪念刊，1937.

② 孙一民的博客 http：//blog. sina. com. cn/drsunyimin.

第十一届　1945 年

王文柱	王允猷	王月明	王崇山	勾佩璋	王秀珍	吕　颖	赵淑玉
罗淑贞	马继兴	杜金钟	杜启曾	何启天	李资丰	汪继贤	宫兆麟
马唯良	马龙骧	梁堆国	曹治安	张生熙	张鹤桥	杨兰青	杨兰封
翟允增	刘　琛	刘佩华	刘逢亮	薛荣瑞	韩涬然	范爱群	

第十二届　1946 年

王景武	井谦嬴	李　增	李佩伦	周文坡	袁崇光	尚兴传	马玉琦
孙笑尘	张秀琴	杨大伟	赵一中	赵书准	熊济芬	刘冰如	

第十三届　1947 年

尹文淑	方咸祐	王文萱	王介夫	王青雯	王茂生	王惠庆	任瑞雯
李中仁	李　天	李峥东	李善连	李鲁玙	佟知箴	周又谦	孟占心
胡存先	律思蕙	梁少周	梁伯宸	高秉恒	高书启	高桂林	秦厚生
许荫华	张继志	赵继祖	刘根东	刘翰墨	刘耀东	阎识新	韩济英
汪宝铎							

第十四届　1948 年

白克忠	张嘉宝	乔仿杰	李淑英	薛士选	郭维新	胡念禄	陈载华
寐寐光中							

参考文献

［1］李岩．施今墨生平传略．首都医药，2005，12（总154）：2－4.

［2］科学家传记大辞典编辑组．中国现代科学家传记．北京：科学出版社，1991.

［3］李剑．中央国医馆的成立及其历史作用．广州中医学院学报，1992，9（2）：54－58.

［4］文庠．南京国民政府《中医条例》述评．民国档案，2004，4：82－86.

［5］吴中云．施今墨与华北国医学院．中医文献杂志，1995，2：9，28.

［6］王道瑞．施今墨医学全集．北京：中医药出版社，2019.

［7］施今墨．编辑中医统一标准用书建议．中华医学杂志，1954，9号.

［8］韩静．中医革新者赋予传统医学以时代活力——缅怀中华医学会副会长施今墨先生．中华医学信息导报，2019－11－26.

［9］施今墨．重视祖国医学的理论研究工作．中医杂志，1957，4：3.

［10］胡一峰．民国四大名医施今墨：让中医药接受科学洗礼．科技日报，2019－07－05（8）.

［11］施如瑜．回忆父亲施今墨二三事．山西中医，1986，2（3）：10－13.

［12］李向明，陈光曼，王瑞廷，等．一代名医——施今墨．//李向明．中国现代医学家传略．科学技术文献出版社，1984.

［13］祝谌予．一代名医——施今墨//周凤梧，张奇文，丛林主编．名老中医之路．济南：山东科学技术出版社，2005：877.

［14］中国人民政治协商会议北京市委员会文史资料委员会编．文史资料选编第三十八辑．北京：北京出版社，1990.

［15］施如瑜．一代名医施今墨．瞭望周刊，1986，8：43－44.

［16］张永和．三张珍藏药方，一世感恩恩情．北京晚报，2019－03－17（11）.

［17］薛钜夫．施今墨：同行是朋友同行是老师．北京青年报，2019－10－24（B4）.

［18］刘南燕．一代名医施今墨//张镜源．中华中医昆仑·施今墨卷，北京：中国文联出版社，2009.

［19］杨宝生．军旗手为病所困　施今墨“不闻不问”．北京晚报，2007－

08－22（42）.

［20］刘燕玲．大医精诚施氏中医．北京纪事，2004，11：92－95.

［21］施小墨．一代名医施今墨．人民日报海外版，1991－08－22.

［22］高益民．著名医家施今墨先生教育思想的初步研究．中医药管理杂志，2004，14（6）：9－13.

［23］穆静．一代名医施今墨．中国科技史料，1981，3：52－59.

［24］刘昕怡，周盈，张健真，等．华北国医学院的创办对燕京医学学院派的影响评议．环球中医药，2016，9（8）：965－967.

［25］谢阳谷．百年北京中医．北京：化学工业出版社，2007.

［26］施小墨，张秀琴．卓越的医学教育家施今墨先生．国医论坛，1986，4：12－15.

［27］高益民，张松柏，潘玉岭，等．民国时期北京地区中医高等教育史研究——华北国医学院评介．中华医史杂志，1986，16（4）：199－201.

［28］高益民，张世芳，李吉祥．医德教育与“医戒十二条”——民国时期华北国医学院的医德教育．中医教育，1992，6：43－44.

［29］熊俊，段逸山．民国期刊《中国医药月刊》述要．中医药文化，2013，8（5）：27－30.

［30］陆寿康，施小墨．华北国医学院：中医教育史的光辉一页．中国中医药报，2019－08－05（8）.

［31］萧承悰，马堃．燕京医学的三大流派．中国中医药报，2014－11－06.

［32］索延昌．京城国医谱．北京：中国医药科技出版社，2000.

［33］任庄．书写华北国医学院百年华章．中国中医药报，2021－05－05（8）.

［34］徐凌云，高荣林．董德懋内科经验集．北京：人民卫生出版社，2004.

［35］赵进喜，王世东，庞博，等．立德、立功、立言——施今墨学术流派兼爱济世、代有传承、百年薪火、辈有创新．环球中医药，2019，12（11）：1677－1681.

［36］吕景山．施今墨医案解读．郑州：河南科学技术出版社，2019.

［37］杨帆．华北国医学院医学教育实践研究（1932—1950）．呼和浩特：内蒙古师范大学，2017.

［38］祝谌予选注．祝选施今墨医案．北京：化学工业出版社，2010.

［39］李欣．克绍家风 大医精诚——记一代名医施小墨的传奇人生．首都医药，2005，17：38－41.

［40］葛伟韬．延昌燕京国医学派文化研究会学术论坛举办．中国中医药报，2019－04－15（2）.

[41] 马小兰，蔡松涛．从四元素说到五行学说试探中西医理论模式的不同．中国中医基础医学杂志，2002，8（3）：13－16.

[42] 孟昭威．忆施今墨先生．安徽中医学院学报，1983，3：1－3.

[43] 黄斌，胡晓峰．四十年代北平中国医药学会的创立始末．北京中医杂志，1991，4：48－49.

[44] 李介鸣，施如雪．施今墨先生学术思想及临床经验简介．中医杂志，1981，10：16－19.

[45] 赵晓山，罗仁．肾虚证相关基因的研究．中西医结合学报，2003，1：18－20.

[46] 吕景山．施今墨对药临床经验集．太原：山西人民出版社，1982：57－59.

[47] 施如琦．施今墨医案三则．中医杂志，1986，9：18－19.

[48] 杨杏林．施今墨对药浅识．天津中医学院学报，2000，19（1）：10－12.

[49] 佘瀛鳌，高益民．现代名中医类案选．北京：人民卫生出版社，1983.

[50] 祝勇．名为用药，实为用方——施今墨对药初探．北京中医，2005，24（1）：14－15.

[51] 李岩．施今墨的临床经验．首都医药，2005，12（总154）：17－36.

[52] 施小墨，陆寿康．中国百年百名中医临床家——施今墨．北京：中国中医药出版社，2004.

[53] 祝谌予．施今墨先生的学术思想．湖南中医学院学报，1985，3：11－12.

[54] 张鸣，李璐瑒．张钫将军的中医药情缘．首都医药，2009，12：47－48.

[55] 陆寿康，施小墨．施今墨丸药组方特点及具体应用．中医杂志，2019，60（18）：18－20，46.

[56] 赵晓山，罗仁．肾虚证相关基因的研究．中西医结合学报，2003，1（1）：18－20.

[57] 钟历勇，沈自尹，蔡定芳，等．补肾健脾活血三类复方对下丘脑—垂体—肾上腺—胸腺轴及 CRF 基因表达的影响．中国中西医结合杂志，1997，17（1）：39－41.

[58] 海春旭．从中草药中成功提取抗人体衰老秘方．青年科学，2005，2：10.

[59] 郭平．用蛋白质组学技术探讨四物汤补血作用机理的实验研究．北京：北京中医药大学，2005.

[60] 高益民．施今墨的经典方药——益肾强身丸、防衰益寿丸．首都医药，2005，12（总154）：48－52.

[61] 戴尧仁，高崇明，田清涞，等．施今墨抗衰老方制备液对小鼠脑和肝 B

型单胺氧化酶活性及果蝇寿命的影响．中西医结合杂志，1987，7（4）：224－225.

［62］高益民．施今墨“御品”二次开发上市后的再评价．首都医药，2008，15（7）：15－18.

［63］天海．施今墨治咳嗽的经验方．家庭中医药，2015，10：51.

［64］李云芳，李建．京制咳嗽痰喘丸联合复方异丙托溴铵治疗慢性阻塞性肺疾病急性发作期的临床研究．现代药物与临床，34（8）：2370－2375.

［65］张春香，蔡芳丛，王歌．京制咳嗽痰喘丸治疗急性气管—支气管炎69例．中华医护杂志，2006，3（6）：506.

［66］孙自法．京城名医后代向抗疫一线推荐祖传中医验方．中国新闻网，2020－02－14.

［67］国医人物——“白血病泰斗”孙一民的医学传奇．http：//www. guoy-ishidai. com/productinfo/601156. html.

［68］吕景山．行悬壶济世之道 施治病救人之心．中国中医药报，2003－03－17（8）.

［69］朱师墨．从施今墨老师获得的学识和教诲//周凤梧，张奇文，丛林主编．名老中医之路．济南：山东科学技术出版社，2005：877.

［70］叶橘泉．施今墨先生诞辰——百周年祭．前进，1981，5：16.

［71］刘南燕．施今墨与毛泽东周恩来的交往．中国统一战线，2001，10：38－39.

［72］苏菲．国医圣手办学记——名医施今墨与北京蒙藏学校．北京青年报，2018－09－14（A11）.

［73］陆寿康．缅怀施今墨先生为中医事业而奋斗．中医杂志，1981，6：20.

［74］姜宝君．一代名医施今墨的家国情怀“不为良相 即为良医”．北京晚报，2019－09－03.

［75］纪念施今墨逝世50周年：不为良相，便为良医．https：//www. sohu. com/a/335670444_ 120151167.

［76］国内首次中医学院文物展“大师的摇篮——华北国医学院文物展”开幕仪式于2019年10月22日在荣竞文化中心隆重举办．https：//health. qq. com/a/20191022/008519. htm.

施今墨弟子图谱（部分）

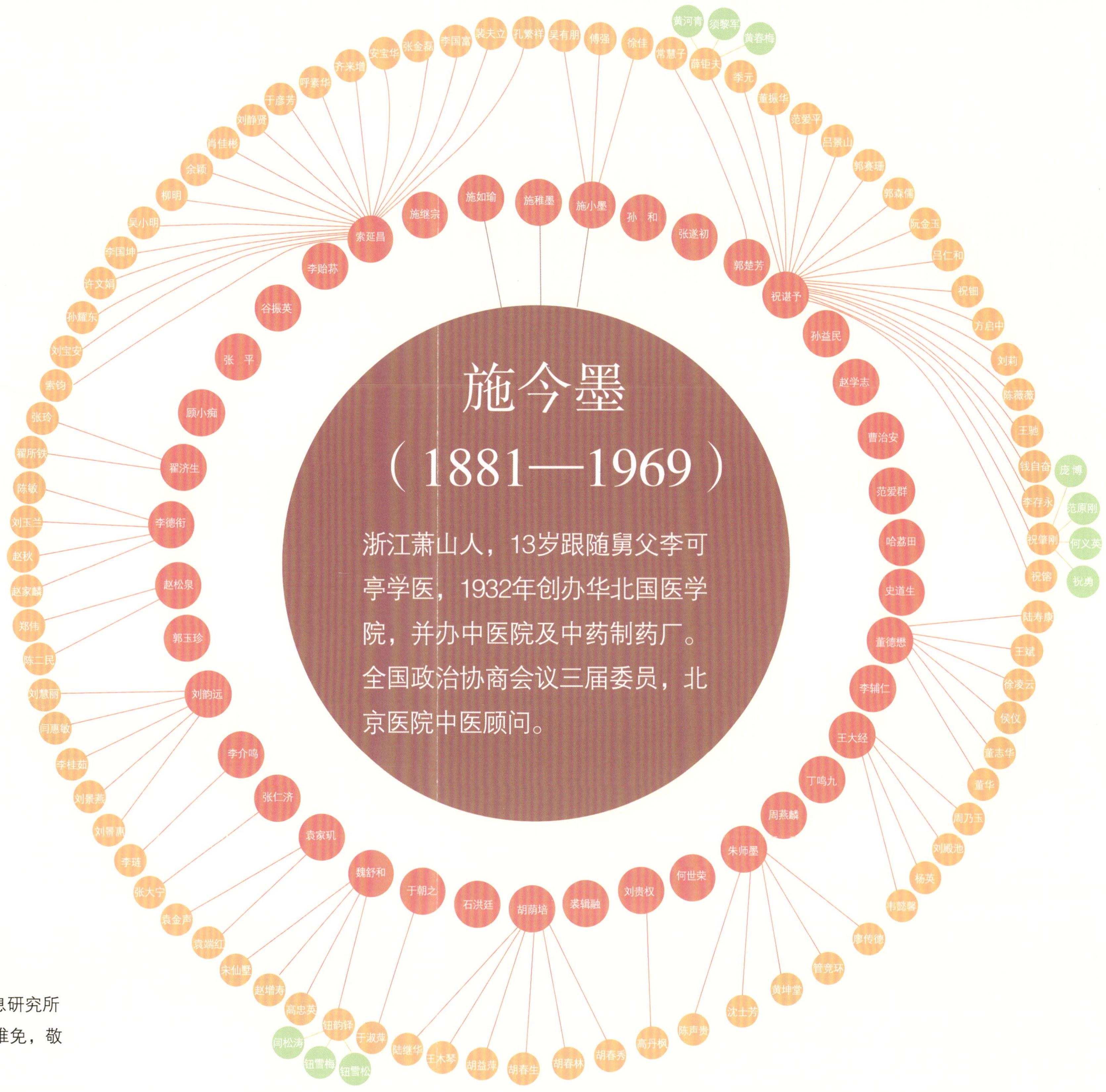

注：本图据中国中医科学院中医药信息研究所资料编制，颇不完善，错误在所难免，敬祈指正。